개정판
자전거학교 매뉴얼

개정판
자전거학교 매뉴얼

초판 1쇄 인쇄 | 2025년 03월 31일
지은이 | 한기식
펴낸이 | 이재욱(필명:이승훈)
펴낸곳 | 해드림출판사
주　소 | 서울 영등포구 경인로82길 3-4(문래동1가 39)
　　　　센터플러스빌딩 1004호(우편07371)
전 화 | 02-2612-5552
팩 스 | 02-2688-5568
E-mail | jlee5059@hanmail.net

등록번호 제2013-000076
등록일자 2008년 9월 29일

ISBN 979-11-5634-626-5

개정판

자전거학교 매뉴얼

한기식 지음

해드림출판사

· 머리말

    현장에서 자전거 교육을 한 지도 어느덧 15년이 되어 간다. 그동안 교육받는 분들은 점점 늘어가고 있지만, 자전거 교재에 대해서는 새롭게 나오는 것들이 없다. 이것도 국가에서 해야 하는 일들인데 아쉽기만 하다.

    기존에 나와 있는 교재는 오래되어서 다시 한번 극성을 떨어보기로 한다. 처음에는 전국의 자전거에 관련 지도자들을 만나서 작업하려고 했지만, 진도가 나가지 않고 그냥 바라보는 시점에서 혼자 하는 것이 좋을 듯해서 모임에서 나오게 된다.

    우선 자전거를 끌 때, 왼쪽으로 끄느냐, 오른쪽으로 끄느냐 의견 차이들이 있고 이런저런 일들을 거쳐야 하면서 시간이 더 오래 걸릴 듯하고 서로 마음 상하고 흐지부지될 듯 해서이다.

    처음에는 초급과정만 하려고 했는데 초급만 하면 교육이 이어지는 의미가 없기에 중급, 상급 과정도 하게 되었고 학교 자전거 안전교육의 경험을 통해 준비해야 할 과정도 추가하게 되었다.

    자전거에 관련된 책들은 여기에 그치지 않고 계속적으로 나와야 한다고 생각한다. 물론 이건 돈이 되지도 않고 스트레스만 쌓이는 일이지만 그래도 만들어야 한다.

    기후 위기 속에서 살아가고 있는 우리가 쉽게 적응하고 실천할 수 있는 일은 자전거를 타는 일이다. 자전거 교육과 더불어 앞으로 더 많은 인성이 겸비된 의식 있고 실력 있는 자전거 지도자들이 많이 나와야 하기에 아직도 해야 할 일들이 많다.

勝佑 한기식

· 추천사

한기식 대표는 젊은 날부터 '가지 않는 길'을 시작했다.
'자전거 학교'라는 민간 단체에 발을 들여놓은 것이다. 세간에서 말하는 '돈이 안 되는' 사업에 청춘을 건 바보이다.
자전거가 도로교통법상 '차'로 규정되어 있고 사고가 날 수 있는 '탈것'이라고 인식하는 사람들이 적다는 것이 안타까웠다.
처음 3명을 가르치던 올바른 자전거 타기 교육은 15여 년이 지나면서 6,500여 명의 교육생을 배출했다. 초급에서 시작한 시민들의 역량이 날로 늘어 가면서 고등 교육 프로그램의 개발이 시급했다. 따라서 낮에는 운동장에서 교육하고 밤에는 관련 서적의 공부에 몰두했다. 그야말로 주경야독의 긴 세월이 흐른다.
사비를 털어 유럽과 일본으로 출장을 가서 선진 자전거 문화를 체험하고 현장 사례를 모으고 담아 와서 우리 현실에 맞게 고치는 것도 황무지를 일구는 개척사업과 유사하다.
지금의 이 책이 바로 그동안의 노력과 열정이 담긴 자전거 교육의 지침서이다. 초급, 중급, 그리고 상급의 자전거 전 교육의 노하우를 집대성한 것이다. 그래서 이 책은 자전거 바이블! 자전거 교육의 복음이라 할 수 있다.

뽈락 김태진

· 감사의 글

  2018년을 마지막으로 이제 책 쓰기에 대해 미련을 버리려고 했는데 또 부질없는 짓을 왜 이렇게 하는지 저도 모르겠습니다.
  현장에서 자전거 교육을 시작한 지 15년 차가 되어 가기에 그동안 시행착오를 통해 경험했던 것들을 후배 지도자를 위해 조금이라도 보탬이 되었으면 하는 마음에서 자전거 매뉴얼을 만들게 되는데 아직도 글쓰기가 많이 부족하다는 걸 알면서도 무모하게 책을 쓰게 됩니다.
  전국에 있는 자전거 지도자들과 소통하면서 자전거 교재에 대한 필요성을 느꼈습니다. 자전거 지도자라면 모든 걸 다 잘할 수는 없겠지만 그래도 절실하게 노력해야 한다고 생각합니다. 현장에서는 정말이지 만능 지도자가 되어야 합니다.
  시간이 흘러 이제는 두 분 부모님이 안 계시지만 그래도 꿈속에서 못난 자식을 변함없이 응원해 주시는 부모님께 감사드립니다. 그리고 항상 부족한 점들을 보완해 주는 여러 선생님과 용기를 주는 지도자들께도 감사를 드리고, 앞으로도 진정성 있게 자전거 교육을 할 것을 다짐해 봅니다.

*김태진 단장님
 - 자전거 업계의 살아 있는 代父로 자전거 CEO와 산악자전거 협회 회장을 역임하시고 늦은 나이에 일본 사이클 디자인학교에서 수학하시는 모습을 볼 때 정말이지 감동적이었습니다. 현재 우리나라 최고의 자전거 박물관을 구상하고 계시는 김 단장

님께 앞으로 자전거를 통해 많은 가르침을 받을 거 같습니다.

 *차백성, 예민수, 윤제용, 정현수, 김광훈, 어형종, 김형찬, 오영열, 배태용, 박주혁, 김수현, 박선영, 서동명 님
 - 자전거 학교 매뉴얼 부록 부분에 흔쾌히 참여해주셨고 앞으로도 자전거를 통해 서로 좋은 인연이 되었으면 합니다. 정말 고맙고, 감사드립니다.

 *김진옥, 정승영, 김현선, 송진숙 님
 - 부천대 제자로 김진옥 님은 기본적인 스트레칭 전반에 걸쳐서 좋은 자세가 나오도록 도움을 주었고, 정승영 님은 야외에서 자전거 동작을 수없이 반복하며 사진 찍느라 고생했고, 김현선 님은 전체적인 오타를 수정, 송진숙 선생님은 학교 교육에 대해 조언해 주셨습니다.

 *윤선이, 유경종 님
 -내용과 문장들을 조리 있게 잘 정리해 주면서 아낌없는 조언을 해주셨습니다.

 그 외에도 자전거에 대한 열정이 가득한 여러 선생님께 깊은 감사의 말씀을 전해 드리고 싶습니다. 그리고 어려운 현실에 출판에 신경을 써주신 해드림출판사 가족 여러분께 감사를 드립니다.

contents

머리말   4
추천사   5
감사의 글   6

1. 자전거는 '차'이다

가. 도로 교통법   16
나. 자전거 사고   20
다. 수신호 요령   26

2. 자전거의 역할, 교육 조건과 직업들

가. 자전거의 역할   31
나. 자전거 안전 교육장   33
다. 자전거 지도자 복장   34
라. 자전거 지도자 자격 조건   35
마. 자전거 지도자 자격증   37
바. 자전거 교재   38
사. 자전거 교통안전 지도자 교육   39
아. 자전거로 할 수 있는 것들   41
자. 자전거로 할 수 있는 직업들   44

3. 연령별 자전거 안전 교육

가. 연령별 자전거 안전 교육   50
나. 연령별 자전거 종류   52

4. 학교 자전거 안전 교육

가. 학교 교육 준비   56
나. 유치원 자전거 안전 교육   61
다. 초등학교 자전거 안전 교육   63
라. 중·고등학교 자전거 안전 교육   65
마. 개인형 이동장치 안전 교육   66

5. 청소년·성인 자전거 안전 교육

가. 청소년 자전거 안전 교육   71
나. 청소년 자전거 프로그램   73
다. 성인 자전거 안전 교육   76

6. 자전거 제대로 배우기

가. 자전거 교육의 이해	80
나. 자전거 교육 준비물	82
다. 자전거 교육생 복장	84
라. 준비운동(Warming up)	85
마. 스트레칭(Stretching)	89
바. 성인 초급 과정 적응하기	101
사. 성인 초급 과정 자전거 배우기	104
아. 성인 중급 과정 자전거 배우기	112
자. 성인 상급 과정 자전거 배우기	121

7. 자전거 안전 점검, 보관 및 응급처치

가. 자전거 안전 점검 A, B, C	132
나. 자전거 분실 예방을 위한 Tip	136
다. 안전을 위한 준비와 응급처치	139

부록 1. 자전거 명사 초청

1. 자전거에 미친 자의 최후는?	148
2. 차백성의 자전거 여행 이야기	158

3. e바이크 스토리　　　　　　　　　　　　　170
4. 나의 자전거 사랑 이야기　　　　　　　　180
5. 기후위기시대 자전거 도시를 꿈꾸며　　　188

부록 2.　전국 자전거 활성화 활동가

1. 자전거 타고 하천 지도를 만들고 있는 고양시 김정호　197
2. 환경교육(기후&에너지, 자전거 중심) 이렇게 해봐요　205
3. 자전거 도시 춘천을 꿈꾸는 시민 어형종　　225
4. 제주를 대표하는 자전거, 푸른바이크쉐어링　233
5. 약속의 자전거 이야기　　　　　　　　　　243
6. 대구 상리 자전거 교육장 운영　　　　　　257

부록 3.　전국 자전거 관련 전문 직업

1. 사이클 주행 분석 전문가　　　　　　　　264
2. 한국 사이클 의류에 대한 도전과 성공　　　270
3. 작지만 알차게 운영되고 있는 키클로스　　276
4. 서라 서동명 - BMX 전도사　　　　　　　282

참고 문헌　　292

1. 자전거는 '차'이다

가. 도로 교통법
나. 자전거 사고
다. 수신호 요령

자전거는 보통 통행·운동·레저의 수단으로 사용되고 있지만 정작 도로교통법에 '차'로 되어있다는 걸 인식하지 못하고 있다. 사고가 났을 때 도로교통법에 의해 처리되기에 차에 준하는 규칙을 준수하여야 한다.

> ※ **도로교통법**
> '자전거' 도로교통에 관한 국제조약(Convention on Road Traffic)에서 '차'로 구분하고 있다. 우리나라 도로교통법에도 '차'로 정의하고 있다.

1) 자전거의 정의

자전거란? 두 개의 바퀴, 페달, 프레임, 핸들바 등으로 구성되어 인간의 힘으로 움직이는 이동 수단을 말한다.

2) 자전거에 관한 법의 종류

자전거는 도로교통법과 자전거 이용 활성화에 관한 법률에서 '자전거법'으로 구체적으로 정의하고 있다.
- 도로교통법
- 자전거이용활성화에 관한 법률

3) 자전거에 관련된 용어

- 차도: 모든 차가 통행할 수 있는 도로의 부분
- 보도: 보행자, 유모차가 통행할 수 있는 도로의 부분
- 횡단보도: 걸어서 도로를 횡단하는 도로의 부분
- 자전거 횡단도: 자전거를 타고서 도로를 건널 수 있는 도로의 부분
- 자전거 도로: 안전 표시, 위험 방지용 울타리나 그 외 비슷한 인공

구조물로 경계를 표시하여 자전거 등이 통행할 수 있도록 설치된 도로

4) 자전거 도로의 종류

- 자전거 전용도로: 자전거 및 개인형 이동장치만 통행할 수 있도록 분리대·연석 기타 이와 유사한 시설물에 의하여 차도 및 보도와 구분하여 설치된 자전거 도로
- 자전거 보행자 겸용도로: 자전거 및 개인형 이동장치 외에 보행자도 통행할 수 있도록 분리대·연석 기타 이와 유사한 시설물에 의하여 차도 및 보도와 구분하거나 별도로 분리된 자전거 도로
- 자전거 전용차로: 다른 차와 도로를 공유하면서 안전 표시나 노면 표시 등으로 자전거 통행 구간을 구분한 차로
- 자전거 우선 도로: 자전거 및 개인형 이동장치와 다른 차가 상호 안전하게 통행할 수 있도록 도로에 노면표시로 설치한 자전거도로

가. 도로 교통법

자전거는 도로 교통법(법 제 2조 16호)에 '차'로 정의하고 있다. 하지만 운전자들도 도로에서 자전거가 왜 다녀야 하는지도 모르고 있는 실정이다.

1) 도로에서의 자전거

- 우측통행을 원칙: 도로에서 자전거를 탈 때는 중앙에서 우측통행 한다.
- 자전거 도로나 차도 통행을 원칙: 자전거 도로가 있는 곳에서는 자전거 도로를 이용하고 자전거 도로가 없는 곳에서는 차도를 이용하되 가장 끝 차로를 이용해야 한다.

2) 자전거 전용도로

자전거를 전용으로 이용할 수 있는 도로이다. 자전거 이용을 활성화시키려면 자전거 도로, 자전거 주차장, 자전거 이용시설들을 제

대로 만들고 활용되어야 한다. 자전거 이용자가 안전하고 편하고 신속하게 자전거 도로를 이용할 수 있도록 지역 여건에 맞는 도로의 확충이 필요하다.

3) 도로 표지의 종류

자전거를 타다 보면 도로에 각종 교통 표지판이 설치되어 있다. 도로에서 자전거를 타기 전에 기본적인 표지판을 알고 미리 상황에 대처하는 마음으로 안전하고 즐겁게 자전거를 타는 것이 바람직하다.

(1) 주의표지(적색)

도로 상태가 위험하거나 도로 또는 그 부근에 위험물이 있는 경우에 필요한 안전 조치를 할 수 있도록 도로 사용자에게 알리는 표시이다.

자전거 통행금지

자전거의 통행을 금지하는 구역이므로 어떠한 경우에도 자전거를 이용해서는 안된다. 특히 공원이나 사람이 많은 장소에서는 주의해야 한다.

자전거 주의

자전거 통행이 많은 지점이 있음을 알리는 표지로써 이 지역에서 자전거를 이용할 때는 특히 안전에 유의하여야 한다.

(2) 지시표지(파란색)

도로의 통행방법 통행구분 등 도로교통의 안전을 위하여 필요한 지시를 하는 경우에 도로 사용자가 이에 따르도록 알리는 표시이다.

※ 안전표지(도로교통법 시행규칙 제8조)

자전거 전용 도로

자전거만이 통행할 수 있는 도로 또는 구간으로 자전거 통행에 방해가 되는 물건을 방치하거나 보행자가 들어가서는 안된다.

자전거 전용 차로

차도에 자전거만 통행할 수 있도록 지정된 차로이다.

자전거 보행자 겸용 도로

자전거와 보행자가 함께 이용할 수 있는 도로로 자전거 운전자는 특히 보행자의 안전에 주의하여야 한다.

자전거 보행자 구분 도로

자전거 보행자 겸용도로에서 자전거와 보행자의 통행 공간이 구분되어 있음을 알리는 표지이다.

자전거 나란히 통행 허용

자전거 도로에서 2대 이상 자전거의 나란히 통행을 허용하는 표지이다. 아무래도 도로의 공간이 넓은 곳에서 이루어져야 한다.

자전거 주차장

자전거를 주차할 수 있는 장소를 알리는 표지로서 자전거 공공주차장에 무단 방치하여 통행에 방해를 주는 경우 이동·보관·매각 등의 처분 대상이 된다.

자전거 횡단도로

자전거가 일반도로를 횡단할 수 있도록 지정된 도로로서 자전거를 타고서 횡단한다. 자전거 횡단도가 없는 경우 횡단하고자 할 때는 횡단보도를 이용하는데 반드시 자전거에서 내려 끌고 건너야 한다.

 횡단보도	자전거 이용자는 반드시 자전거에서 내려 끌고서 건너야 한다. 자전거를 타고 가는 중에 보행자와 문제가 있는 경우는 차와 보행자로, 다른 차와 문제가 있는 경우는 차와 차의 문제로 조치된다.
보행자 전용도로	자전거 통행이 금지되는 구간 또는 지역이므로 자전거를 이용하는 경우 반드시 내려서 끌고 가야 한다.

(3) 노면표지

도로교통의 안전을 위하여 각종 주의·규제·지시 등의 내용을 노면에 기호·문자 또는 선으로 도로 사용자에게 알리는 표지이다.

 자전거횡단보도	도로에 자전거의 횡단이 필요한 지점에 설치, 횡단보도가 있는 교차로에서는 횡단보도 측면에 설치한다.
 자전거전용도로	자전거 전용도로 또는 전용구간 내 필요한 지점에 설치한다.
 자전거우선도로	차량 통행량이 적은 도로의 일부 구간에 자전거와 다른 차가 안전하게 통행할 수 있도록 자전거 우선 도로임을 노면에 표시(시점·종점 및 구간 내 필요한 지점에 설치)

나. 자전거 사고

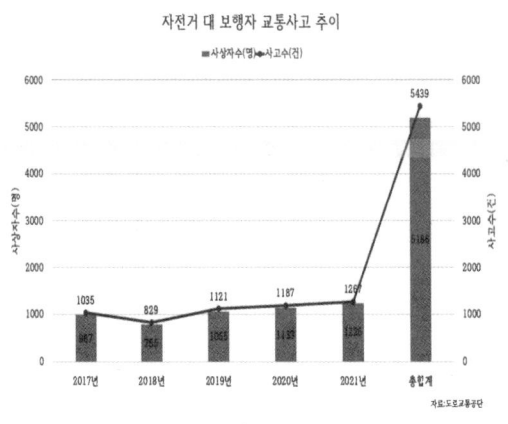

자전거 사고는 해마다 늘어나고 있다. 자전거 타는 환경이 좋아질수록 사고는 줄어들어야 하는데 좌측의 도로교통공단 자료에도 보듯이 사고는 더 늘어나고 있는 안타까운 현실이다. 자전거에 서툰 초보자들도 사고가 나지만 자전거를 잘 타는 선수들도 사고가 난다. 보통 일반 동호인들은 자전거를 빠르게 타는 것이 최고의 실력으로 알고 있지만 정작 자전거가 '차'라는 인식은 아직 모르고 있는 사람들이 많이 있고 운전자 역시 자전거가 차도에서 다니는 걸 좋아하지 않는다.

1) 도로에서의 주의사항

도로에서는 차가 다니기에 항상 집중해야 한다. 안전하게 자전거를 타려면 기본적인 조건을 갖추고 자전거를 타야 한다.

- 헬멧을 착용하라

우리나라의 경우에도 13세 이하 어린이들은 헬멧의 착용이 의무화가 되어 있는데 아직도 인식이 부족한 것 같다. 헬멧의 착용은 자전거를 타기 위해서 가장 기본적인 안전의 요건이다. 우리나라 교통사고에 관한 자료에 보면 자전거를 타다가 사망한 사례 중 80%가 머리에 손상을 입어서 사망한 것으로 집계되었다.

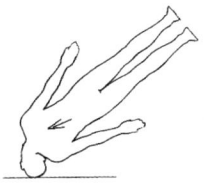 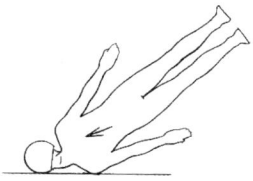

(자전거를 타다가 넘어지게 되면 헬멧을 착용하지 않은 경우 머리와 노면의 마찰로 인해 목뼈가 심하게 손상된다. 헬멧을 착용하면 목뼈 부분의 손상을 최소화할 수 있기에 헬멧 착용은 필수가 되어야 한다.)

올바른 안전모 착용법

정면   측면

*주의: 안전모를 착용했을 때 머리가 편안해야 하고 눈썹에서 손가락 2개, 턱끈도 손가락 2개 정도 들어가게 조여준다. 안전모가 헐렁하게 되면 안전모 뒤쪽에 조절 장치를 돌려주고 측면에서는 귀밑에 끈이 'Y'가 되도록 한다.

- 전방을 항상 주시하라

자전거를 오래 장시간 타다 보면 집중력이 떨어지게 된다. 시선은 항상 전방을 주시해야 한다. 한강 주변에서 자전거를 타게 되면 아이들이나 동물이 갑자기 나타나는 경우가 있기에 전방에 대해서 집중을 해야 하고 브레이크를 잡을 수 있도록 준비가 되어야 한다.

- 유니폼을 밝게 입어라

레이더에 잡히지 않는 비행기를 스텔스기라고 한다. 가끔 자동차 운전을 하다 보면 밤에 검은색 계통의 옷을 입고 앞, 뒤 반사체 없이 자전거를 타는 경우를 종종 목격하게 된다. 항상 운전자 시야의 눈에 띄도록 밝은색 계통의 옷을 입고 자전거를 타야 한다.

- 야간에는 전조등, 후미등을 켜라

야간에 자전거를 탈 때는 안전을 위해서 앞에는 백색등, 뒤에는 적색등을 달아야 한다. 도로교통법 37조에 자전거 등화에 대해 명시되어 있다. 차도 앞(백색), 뒤(적색)를 구분하듯이 자전거도 전조/후미등을 바꾸어 달지 않도록 해야 한다.

- 주차된 차를 지날 때는 문 여는 거리만큼 확보해라

도로변에 무심코 주차된 차를 지날 때에는 안전을 위하여 문 여는 만큼 거리를 유지하여 지나간다. 안 그러면 문에 부딪쳐 사고를 당할 수 있다.

- 자전거를 타거나 내릴 때 후방도 신경 써라

차도 출발하거나 내릴 때 안전을 위해서 뒤를 보게 되는데 자전거 역시 출발하고 내릴 때도 뒤를 돌아보는 것을 습관화해야 한다.

- 횡단보도에서 주의하라

 횡단보도에서 녹색불이 켜져 있어도 신호를 무시하고 지나가는 차량들이 많이 있다. 녹색불이 켜졌다고 바로 건너지 말고 3초 정도 여유 있게 좌, 우를 살피면서 내려서 끌고 건넌다.

- 과속 방지턱에서 주의하라

 자동차의 과속을 막기 위해서 도로 곳곳에 과속 방지턱이 설치되어 있는데 운전미숙으로 균형을 잃게 되면 넘어지게 되는 경우가 많기에 과속 방지턱에서는 속도를 줄여야 한다.

- 역주행을 하지 마라

 잘 알면서도 지켜지지 않은 사항이다. 교통의 흐름과 같이 차량과 같은 방향에서 자전거를 타야 한다. 조금 편하게 가려다 아주 먼저 가는 경우가 있기에 주의를 해야 한다.

- 안전거리를 유지하라

 안전거리를 유지하면서 자전거를 타야 하고, 특히 언덕에서는 평지보다 3배 정도 거리를 더 두어야 안전하다.

- 오른쪽으로 타고 내리는 것을 습관화해라

 보통 자전거를 탈 때와 내릴 때 왼쪽 방향으로 내리는 경우가 대부분이다. 차와 같이 있다 보면 왼쪽으로 넘어지게 되면 다치기에 오른쪽 방향으로 타고 내리는 것을 습관화하는 것이 좋다.

- 수신호를 활용하라

 자전거에도 좌·우회전, 정지, 수신호가 있다. 수신호에 대해서 알고 타야 하고 운전자들도 교육되어야 서로 간의 소통이 될 수 있다.

- 새로운 장비에 대해서는 연습이 충분히 되어야 한다

새로운 장비를 구입했다면, 적응 기간이 필요하듯이 자전거에서도 새로운 장비를 사용할 때는 미리 연습이 되어야 한다.

2) 여러 가지 위험요소

도로의 조건이 매일 같은 상황이 아니라 시시각각 다르기 때문에 항상 주의를 기울여야 한다. 도로에서 연습하기 전에 미리 코스를 답사해서 도로의 상태를 파악해야 하고 동료들에게도 알려 주어야 한다.

- 급커브

특히 시합을 하다 보면 도로에 적응이 되지 않거나, 코스 답사를 하지 않아서 난코스에 대한 대처 능력이 없을 때 사고가 많이 난다. 훈련 시 급커브 연습이 되어야 하고 미리 코스에 대해서 답사가 되어야 한다.

- 내리막

내리막에서는 최대한 집중해야 한다. 경기를 하다 보면 선수들 중 응원 나온 관중에게 신경을 쓸 때 가 있는데 최대한 내리막에서는 집중해야 한다. 속도가 난 상태에서 작은 자갈이나 흙에 미끄러질 수도 있다.

- 젖은 노면

차도 마찬가지이지만 비가 올 때 수막현상이 생겨서 미끄러지기 때문에 평소보다 속도를 감속하며 달려야 하듯이 자전거 역시 젖은 노면에서는 주의해서 타야 한다.

- 모래 or 자갈

내리막에서 자전거를 타고 내려오다가 급커브 지점에서 속도를 줄이려고 핸들을 돌리려 할 때 길가에 모래가 있다면 넘어지기 쉽다.

- 길턱

초보자들은 길턱을 지날 때 진행 방향과 같이 가다가 넘어져서 사고가 일어난다. 길턱을 지날 때는 최대한 공간을 여유 있게 두면서 지나야 한다.

- 철길

철길에서 충격으로 인해 바퀴나 림이 손상 되기 쉽고, 잘못하다가는 바퀴가 철길 레일에 빠질 수 있기 때문에 주의를 해야 한다.

- 유아나 노약자

자전거를 타다 보면 갑자기 생각지 않는 곳에서 아이들과 노약자들이 나타나는 경우가 있다. 특히 보도에서 자전거를 탈 때는 속도를 줄이면서 지나가는 사람에 주의해서 자전거를 타야 한다.

- 개나 고양이

공원에서 자전거를 탈 때 산책 나온 개나 동물들도 주의해야 한다. 갑자기 개를 피하려다가 넘어지는 경우도 있다.

다. 수신호 요령

야외에서 자전거를 타려면 차량처럼 미리 약속된 신호로 상황을 판단할 수 있는 수신호가 필요하다. 수신호(도로교통법 38조 1항)는 운전자와 운전자 사이에 의사소통을 위한 수단으로 차와 같이 수신호가 동일해야 된다. 수신호를 하려면 먼저 한 손을 놓고 자전거를 탈 줄 알아야 가능하다.

1) 차량 수신호 「법제처 자료 참고」

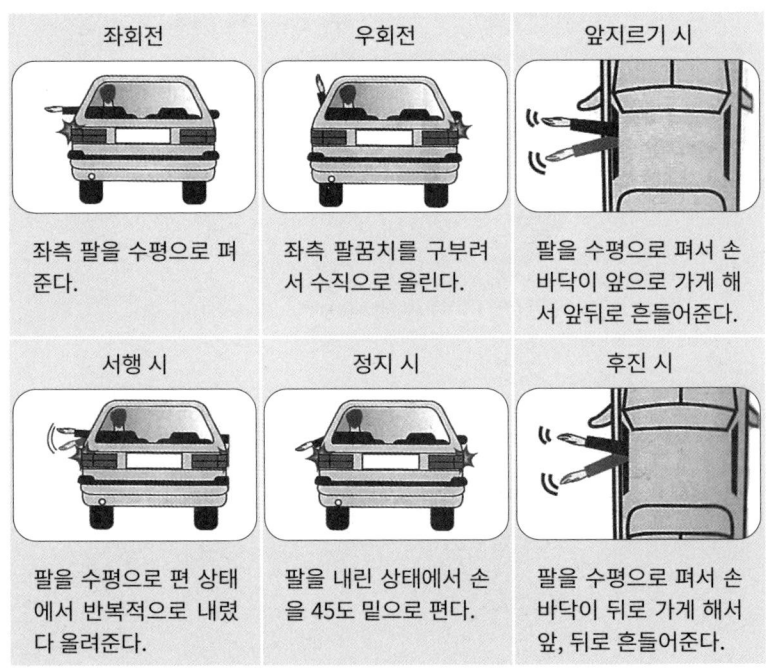

2) 자전거 수신호

　도로에서 자전거는 차도의 우측으로 통행하게 되어 있는데 오른쪽 손을 들게 되면 좌측에서 오는 차량은 수신호가 보이지 않기 때문에 좌측 손을 들어 운전자가 쉽게 볼 수 있어야 한다.

좌측 팔을 펴준다.

좌측 팔꿈치를 구부려 수직으로 올린다.

좌측 팔을 수평으로 편 상태에서 반복적으로 내렸다 올려준다.

팔을 내린 상태에서 손바닥이 보이게 편다.

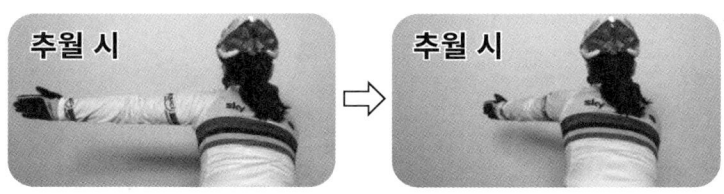
팔을 수평으로 해서 앞쪽으로 뻗는다.

3) 자전거와 자전거의 수신호(동호인)

운전자와 자전거 간에는 지정된 수신호가 있고 자전거와 자전거 간에도 동호인들끼리 도로 상황에 따라서 의사소통으로 세부적으로 사용되는 수신호가 있다.

2. 자전거의 역할, 교육 조건과 직업들

가. 자전거의 역할
나. 자전거 안전 교육장
다. 자전거 지도자 복장
라. 자전거 지도자 자격 조건
마. 자전거 지도자 자격증
바. 자전거 교재
사. 자전거 교통안전 지도자 교육
아. 자전거로 할 수 있는 것들
자. 자전거로 할 수 있는 직업들

가. 자전거의 역할

　최근 들어 전 세계가 열대야, 가뭄, 홍수로 몸살을 앓고 있고, 기후위기 시대에 살아가고 있기에 자전거의 역할이 점점 더 커지고 있는 현실이다. 이에 따라 자전거 정책도 더 늦기 전에 준비해야 한다.

1) 안전 교육으로 자전거

자전거를 안전하게 타기 위해서는 시민들의 기본적인 안전 교육을 받아야 한다. 아무런 교육 없이 도로에 나가게 되면 위험하기 때문에 교육이 중요하다.

2) 여가 수단의 자전거

미지의 세계로 자전거 여행을 떠난다면 안전을 위해 무엇을 준비해야 하는지 느끼게 되고 자연과 동화되어 스트레스가 해소되어 생활에 활력이 된다.

3) 건강으로서의 자전거

자전거는 성인병을 예방시켜 주고 정신적, 육체적인 면에서 도움을 주기에 꾸준히 자전거를 타게 되면 건강에 도움이 되고 생활에 활력이 된다.

4) 교통수단으로서의 자전거

자전거는 배기가스를 발생시키지 않고 가까운 거리의 출퇴근, 업무, 등하교, 쇼핑 등에 사용할 수 있기에 특히 편리하고 환경 친화적인 교통수단이 될 수 있다.

5) 환경지킴이로서의 자전거

자전거가 환경을 보호하는데 도움이 될 수 있는 여러 가지 방법이 있는데 대기오염, 에너지절약, 교통혼잡, 건강증진 등 전반적으로 자전거를 교통수단으로 사용하며 환경에 긍정적인 영향을 미치게 된다.

6) 기후위기로서의 자전거

자전거 이용은 기후위기를 해결하고 지속 가능한 운송을 촉진하기 위한 포괄적인 전략의 중요한 부분이 될 수 있다.

7) 탄소중립으로서의 자전거

자전거는 탄소중립을 위한 가장 필수적인 수단이기에 앞으로 자전거 이용 활성화를 위해서 더 많은 노력들이 필요하겠다.

나. 자전거 안전 교육장

자전거 교육이 활성화되면서 전국의 지자체 등에서 자전거 교육장을 구비해 시민들을 위한 자전거 교육이 진행되고 있기에 가급적이면 자전거 교육장에서 안전하게 제대로 교육받는 것을 추천한다.

1) 자전거 교육장

고양시 교육장   대구 상리 교육장   제주도 교육장

자전거를 못 타게 되면 활동 범위가 좁아지게 되어 불편하기에 한 살이라도 젊고 건강할 때 자전거를 꼭! 배워야 한다. 나이가 들어서 자전거를 배우게 되면 체력도 마음도 힘들어진다.

2) 자전거, 헬멧, 보호대, 안전 조끼

교육용 자전거   안전모, 팔꿈치/무릎 보호대   안전 조끼

자전거 교육에 필요한 장비는 자전거, 안전모, 보호대, 안전 조끼가 필요하고, 교육용 자전거는 신장에 따라 22인치, 24인치가 구비되어야 한다.

3) 자전거 교육

| 초급 교육 | 중급 교육 | 상급 교육 |

자전거 교육 시 초급, 중급, 상급 과정별 교육이 있어야 체계적으로 연속성 있게 교육을 받을 수 있다.

다. 자전거 지도자 복장

자전거 교육을 하기 전에 제일 먼저 접하는 것이, 자전거 지도자이다. 지도자의 자세는 복장에서부터 나오기 때문에 신경 써야 한다. 교육 시 슬리퍼, 샌들, 통이 넓은 바지를 착용하면 안 된다.

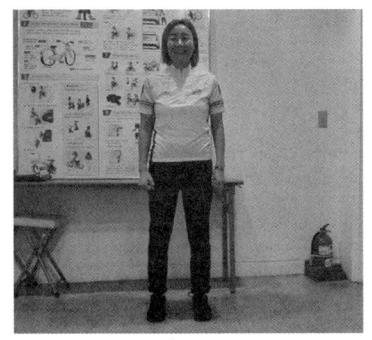

하계 복장

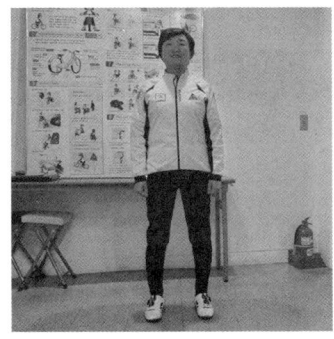

동계 복장

라. 자전거 지도자 자격 조건

자전거를 제대로 가르치려면 다양한 경험이 있는 전문 자전거 지도자가 필요하다. 전국의 자전거 지도자의 자질 향상을 위해 개인적인 노력들이 필요하다.

1) 인성이 겸비된 지도자

자전거 지도자 이전에 지도자도 사람이기에 기본적인 인성을 갖추고 있어야 한다.

2) 이론과 실기가 겸비된 지도자

자전거에 관한 이론과 실기를 병행해야 하고 자전거에 대한 전반적인 지식을 갖추고 있어야 한다.

3) 성인 초급, 중급, 상급, 도로연수 교육을 할 수 있는 지도자

과정별 자전거 교육에 대해 원만하게 교육할 수 있는 지도자가 필요하다.

4) 학교 안전 교육을 할 수 있는 지도자

유치원, 초등, 중등 과정에 맞게 안전 교육을 진행할 수 있는 지도자가 필요하다.

5) 자전거 체험활동을 할 수 있는 지도자

자전거 교육과 함께 회원들과 체험활동을 겸해서 할 수 있는 지도자라면 활동의 폭이 넓어질 수 있다.

6) 행정적 업무를 할 수 있는 지도자

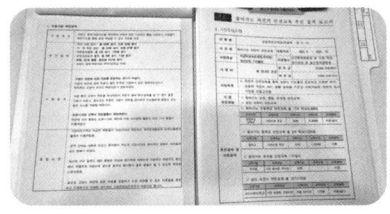

자전거만 가르치는 게 아니라 기본적인 행정업무를 할 수 있어야 하고 서류 작성하는 법을 배워야 한다. 연륜이 쌓이게 되면 늦기 전에 조직 관리에 들어갈 준비를 해야 한다.

7) 글을 쓸 줄 아는 지도자

생각보다 글쓰기가 쉽지 않기에 평소에도 글쓰기(블로그 or 밴드)가 습관화되어야 한다. 그동안 자전거로 쌓아온 경험들의 자료를 남겨놓거나 미래의 지도자에게 전달해 줄 수 있는 매뉴얼 작업이 되어야 한다.

마. 자전거 지도자 자격증

자전거를 가르치려면 자전거 지도자 자격이 필요한데 국가에서 실시되고 있는 자격증은 전문 스포츠 지도사와 생활 스포츠사로 나누고, 민간단체에 실시되고 있는 자전거 지도자 자격 과정이 있다.

1) 전문 스포츠 지도사

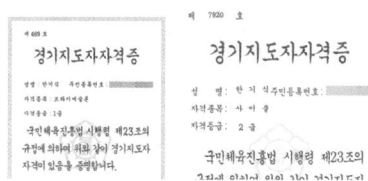

국가대표 감독과 코치를 할 수 있는 자격증으로 전문 스포츠 지도사 1급, 2급으로 나누어져 있다.
구)경기 지도자 ⇨ 신)전문 스포츠 지도사

2) 생활 스포츠 지도사

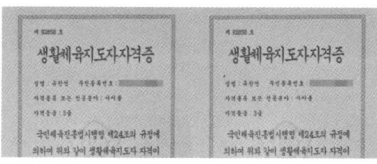

생활 스포츠 지도사로 자전거 종목으로는 2급으로 되어있다.
구)생활 체육 지도자 ⇨ 신)생활 스포츠 지도사

3) 민간단체 지도자

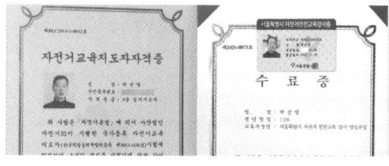

민간단체에서 운영하는 자격증으로 단체의 성격에 따라 나누어져 있다.
ex) 서울시, 자전거21, 고양자전거학교 등

4) 자질 향상을 위한 기타 자격증

자전거 교육에 필요한 자격증으로 위급할 때 도움이 된다.
ex) 응급처치 자격증

바. 자전거 교재

자전거 교재도 과정별로 다양하게 나와야 하고, 전문화되어야 한다. 아직까지 자전거 지도자들도 자전거 교재가 있는 것도 모르고 교육하고 있다. 앞으로 자전거 교재 국가에서 신경을 써야 하겠고, 자전거 지도자들에게 홍보하고 보급해야 한다.

1) 행정안전부 자전거 교재

2) 서울특별시 자전거 교재

3) 한국교통연구원 자전거 및 개인형 이동장치 교재

사. 자전거 교통안전 지도자 교육

　탄소중립과 기후위기의 시대에 자전거 지도자는 중요한 역할을 수행하기에 지속 가능한 이동 수단으로 올바른 자전거 문화를 확산시키기 위해서는 이론과 실기를 겸비한 진정성 있는 지도자의 필요성을 느끼게 된다.

　고양자전거학교에서는 그동안 성인교육과 찾아가는 학교 자전거 안전교육을 통해서 지도자의 필요성을 느끼면서 2024년 민간자격에 등록(2024-004722)되어 자전거 교통안전 지도자 교육을 실시하고 있으며 앞으로 자전거 교통안전 지도자는 3급, 2급, 1급으로 나누어져 교육할 예정이다.

1) 지도자교육 과목 및 교재

2) 자전거 교통안전 지도자 교육 과정

자전거 지도자 과정으로 자전거에 다양한 전문 분야의 열정있는 강사를 초빙하여 교육생들과 함께 공감하면서 지도자 교육이 진행된다.

아. 자전거로 할 수 있는 것들

자전거를 배우고 타고 다니는 것뿐만 아니라 국가, 또는 지자체의 정책들을 다양한 자전거 활동으로 홍보·계몽·캠페인 등을 통해도 알릴 수도 있다. 행사 시 시민들에게 공감이 가는 자전거 퍼레이드로 주목받기도 한다.

1) 자전거 안전 캠페인

2) 자전거 순찰대 및 탄소중립 캠페인

3) 자전거 역사 체험활동

4) 자전거 하천정화활동

5) 자전거 퍼레이드

6) 자전거 간담회 및 모니터링

7) 자전거 크리티칼매스

8) 자전거 정기활동

9) 자전거 국토체험활동

10) 자전거 국내여행

11) 자전거 해외여행

자. 자전거로 할 수 있는 직업들

자전거 분야도 이제는 세분화, 전문화되어 자전거에 관한 직업도 다양하게 생기고 있다. 취미로 시작해서 직업이 된 경우가 많기 때문에 다양한 경험으로 직업을 선택할 수 있다.

1) 자전거 지도자

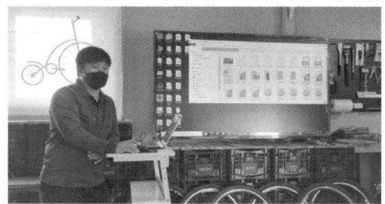

자전거 지도자는 아무나 하는 게 아니라 다양한 경험과 자격 있는 인성이 겸비된 지도자가 되어야 하고, 자전거에 대한 전반적인 지식을 갖추고 있어야 한다.

2) 자전거 정책가

자전거 관련 제도와 정책을 연구하는 전문적인 연구원도 자전거 이용 활성화 정책을 위해서 꼭 필요한 직업이다.

3) 자전거 교육장 운영

시민들에게 자전거를 배울 수 있는 교육장을 관리하면서 자전거 교육과 함께 지역사회에 시민들에게 건강과 자전거 이용 활성화에 기여한다.

4) 자전거 여행 가이드

여행에서도 즐겁고 안전하게 목적지를 가려면 가이드와 같이 동행하듯이 자전거 여행에서도 가이드의 필요성이 높아지고 있다. 국내는 물론 해외 자전거 여행 체험활동도 다양하게 진행되고 있다.

5) 자전거 피팅

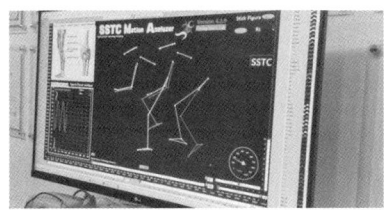

자전거를 내 신체 조건에 맞게 과학적으로 피팅해 주는 전문가로 경기력과 부상을 예방시켜 주는 역할을 하기에 앞으로 주목되고 있다.

6) 자전거 샵 운영

자전거도 분야에 따라 다양해지면서 그에 따른 전문샵도 늘어나고 있는 추세이다.

7) 자전거 메케닉

전문적인 자전거 수요가 늘어남에 따라 일반 자전거보다 고급 자전거에 대한 구조와 시스템을 이해하고 정비할 수 있는 전문적인 메케닉이 필요하게 된다.

8) 자전거 유니폼 제작

자전거 활동에 맞는 전문 자전거 유니폼과 액세서리를 직접 제작하여 동호인들 취향에 맞게 제작을 하는 곳도 생겨나고 있다.

9) 자전거 예술가

자전거 부품들을 재활용하여 다양한 아이디어로 예술작품으로 새롭게 탄생시키는 역할을 한다.

10) 자전거 리사이클링

방치 자전거를 수리 후 재탄생시키는 역할로, 재탄생된 자전거는 이웃들에게 기증되거나 재판매되기도 하며 대여용, 교육으로 활용되기도 한다.

11) 자전거 시민 활동가

시민들에게 자전거에 대한 이해를 구하면서 시민들과 함께 직접 자전거를 타면서 홍보·계몽 활동을 하는 시민운동가 역할을 한다.

12) 자전거 카페 운영

자전거 카페를 운영하면서 자전거에 대한 교육과 정보를 알려주는 곳으로 동호인들에게는 휴식과 친목, 정보의 교류장으로 이용된다.

13) 자전거 배달

코로나19로 모든 활동이 제한된 가운데 배달 수요가 늘어나면서 자전거 배달을 부업이나 전업으로도 활동하는 이들이 늘어나고 있다.

14) 카고 바이크

자전거로 일상에서 다양한 용도로 활용할 수 있기에 친환경적으로 앞으로 더 기대되는 것이 카고 바이크이다.

15) 자전거 유튜버

자전거에 관한 전반적인 내용을 알려주는 유튜버는 시대를 반영해 주고 있기에 홍보 수단으로 활용하고 있고 점차적으로 전문적인 영역으로도 자리 잡고 있다.

3. 연령별 자전거 안전 교육

가. 연령별 자전거 안전 교육
나. 연령별 자전거 종류

가. 연령별 자전거 안전 교육

연령에 따라 자전거 교육이 세분화되어야 하기에 단계별 교육이 필요하다. 자전거는 '차'라는 인식을 심어주어야 하고 안전 수칙과 사고 예방을 위해 교통질서 의식을 심어줌으로써 평생 안전하게 자전거를 탈 수 있는 기반을 만들어 주어야 한다.

1) 유치원 자전거 안전 교육

유년기의 자전거 안전 교육은 성장하는데 중요한 역할을 한다. 제대로 된 안전 교육이 평생 습관이 되기에 필수적으로 교육되어야 한다.

2) 초등학교 자전거 안전 교육

초등기는 부모님의 통제를 떠나 자전거 타는 영역이 넓어지고 놀이와 학원으로 활발하게 움직이게 된다.
이 시기에 자전거 안전 교육이 제대로 되어야 올바른 습관으로 연결된다.

3) 중·고등학교 자전거 안전 교육

신체 성장 발달이 가장 활발하게 움직이는 시기로, 학교나 학원 통학용으로 사용되고 있으며 친구들과 함께 근교 자전거 여행을 떠나기도 하기 때문에 안전 교육이 필요하다.

4) 성인 자전거 안전 교육

사회활동과 함께 운동 부족으로 인해 성인병이 발병하기 쉬운 시기로 건강에 관심을 가지게 되고, 동호회 활동을 통해 단체로 자전거를 타게 된다.

5) 노인 자전거 안전 교육

노인기는 신체활동이 서서히 저하되는 시기로 노화에 따른 각종 기능이 저하되어 꾸준한 운동과 자전거를 통해 건강을 유지시켜야 한다.

나. 연령별 자전거 종류

자전거도 성장 시기와 나이, 사용 목적에 따라 다양하게 구분되어 있기에 신체활동에 맞는 자전거를 구입하여 타면 좋은 친구가 될 수 있다.

1) 유아용 자전거

가벼운 밸런스 자전거로 유아의 신체의 균형 잡는 연습을 해주는 것이 좋다.

2) 청소년용 자전거

친구들과 함께 자전거를 타거나 학원을 갈 때 무난하게 탈 수 있는 자전거가 필요하다.

3) 주부용 자전거

주부들이 마트나 근거리를 오갈 때 타는 앞에 바구니가 설치되어 있는 자전거로 대중적으로 이용되고 있다.

4) 성인용 자전거

건강을 위해서 본격적으로 자신을 위해서 자전거를 투자하는 시기로 동호회 활동과 자전거 활동이 왕성하게 진행된다.

5) 노인용 자전거

신체의 근력이 약해져 무릎에 부담을 주어 자전거 타기 어렵게 되는 시기이지만 전기자전거를 이용하게 되면 무리없이 자전거를 즐길 수 있게 된다.

4. 학교 자전거 안전 교육

가. 학교 교육 준비
나. 유치원 자전거 안전 교육
다. 초등학교 자전거 안전 교육
라. 중·고등학교 자전거 안전 교육
마. 개인형 이동장치 안전 교육

가. 학교 교육 준비

　선진국의 경우에는 학교에서 자전거 교육이 의무화가 되어 있고 체계적으로 교과 과정이 이루어져 있지만, 우리나라에서는 사고의 위험으로 학교에서 자전거를 타지 못하게 금지하고 있는 실정이다. 초등 4~5학년 교과 과정에 자전거에 관한 내용이 소개는 되었지만 앞으로 자전거 교육은 의무화되어야 한다.

> ※ 관련 법령
> 자전거 이용 활성화에 관한 법률 제21조(자전거 타기 교육 등)
> ①초등학교와 중학교의 장은 「초·중등교육법」에서 정하는 범위에서 자전거 이용과 관련된 교통안전 교육을 하여야 한다.

1) 학교 교과서

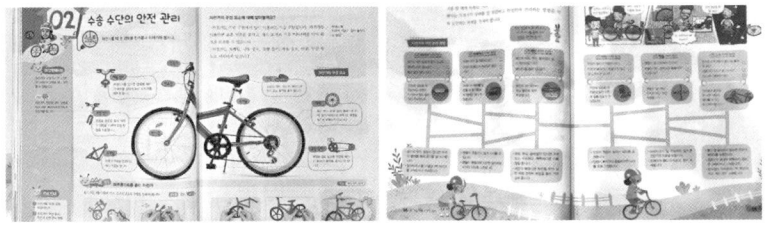

　초등학교 교과 과정으로 학년에 따라 자전거에 관한 내용이 있고 학생들의 성장 발달과 안전에 도움이 되기에 자전거 교육은 꼭! 배워야 한다.

2) 준비 단계 소통 및 교육 준비 확인

ex) 안전 담당 선생님, 학년, 반, 인원, 교육시간, 장소 등

고양시는 학교 안전 교육 신청은 전년도에 미리 시청에서 수요 조사를 받아 다음 해 교육을 시작하게 된다. 학교 안전 담당 교사와 최소 다섯 번 정도 소통되어야 한다.

3) 방송 시스템

이론교육이 진행되려면 방송 시설에 대해 확인해야 한다. 학교 방송시설이 문제가 되는 경우가 있기에 미리 점검되어야 교육 시 당황하지 않는다.

4) 교육 장소

체육관　　　　　　소강당　　　　　　운동장

자전거 안전 교육은 보통 운동장에서 교육하게 되는데 이제는 강당이나 체육관에서 교육하는 것이 더 효과적이다. 운동장에서 교육하면 넓어서 좋겠지만 장비를 세팅하거나 날씨, 미세먼지, 더위의 영향을 받기에 체육관에서 교육하는 것이 더 수월하다.

5) 교육 장비

교육 장비는 교육전 미리 작동 유무를 확인해야 한다. 자전거의 경우 펑크, 타이어 공기압 상태, 브레이크 작동상태를 교육에 앞서 미리 체크해야 한다.

※ 준비물: 자전거, 헬멧, 안전 조끼, 라바콘, 자전거 횡단도, 횡단보도, 교육용 책자, 교육일지, 볼펜, 간식 등

자전거 안전 교육 준비물

 자전거	 미니 자전거	 안전모
 자전거 횡단도	 횡단보도 및 라바콘	 교통안전 표지판
 안전 조끼	 교육 홍보 현수막	 평가 및 수료증
 교육용 책자	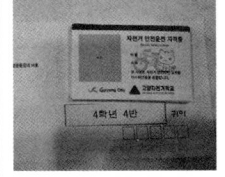 자전거 안전 자격증	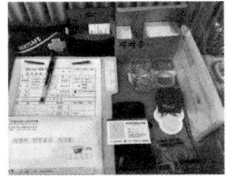 기타 준비물

6) 교육 준비

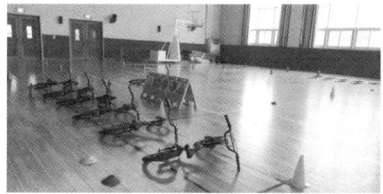

학교에 도착하면 교육용 장비를 옮기면서 체육관에 미리 실기용 장비를 세팅한다. 이론 교육하는 지도자는 PPT 발표 준비를 하고 비상용으로 USB도 2개 정도 준비한다.

7) 이론 교육(헬멧 착용법, 안전 조끼 및 교통표지판, 코스 교육)

학생들에게 자전거 안전 교육의 중요성을 인식시켜주면서 협동심과 배려하는 마음도 함께 길러주어야 한다. 이론으로 교육했던 안전 표지판과 수신호, 자전거 진행 코스를 알려주어야 한다.

8) 실기 교육

학생들을 A조와 B조 나누어 교육을 실시하는데 보통 남여 학생으로 나누어 진행한다. A조는 코스 돌기를 실시하고, B조는 자전거 평가 문제를 하고 미니 자전거를 타면 좋다.

9) 교육 피드백

교육 전 미리 학생들에게 모범학생을 선발해서 안전모를 선물한다고 하면 학생들은 집중하면서 교육에 참여하게 되기에 선물의 위력은 크다. 선발기준은 자세, 배려, 협동, 집중 등이다.

10) 교육 후

자전거 안전 교육이 마무리되면 선생님과 유대관계를 위해 다시 한번 감사의 마음을 담아 소통해야 차후 교육 시 무난하게 다음 담당자에게 소개가 된다.

11) 교육일지 작성

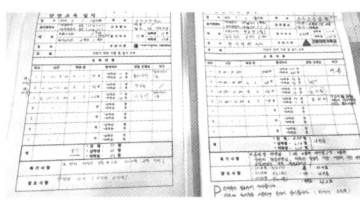

학교 교육이 쉽지 않기에 담당 선생님과 소통이 잘되어야 교육이 원활하게 진행된다. 차후 교육을 위해서 자세히 교육일지에 진행 과정이 작성되어야 한다.

12) 칭찬합니다

칭찬합니다

<고양자전거학교> 직접 학교로 찾아와 유익한 교육을 해주셔서 감사합니다.

노** | 2022.07.20 16:39:10 | 조회수: 47

자전거교육.png(6 MB)   미리보기
제목 없음.png(4 MB)   미리보기

초등학교 자전거 교육을 하면서 교육 분위기가 좋아지고 학생들을 칭찬하면 학생들도 더 잘하려고 노력을 한다. 지도자들도 선생님들한테 칭찬받으면 보람되기에 더 열심히 준비하게 된다. 칭찬은 서로에게 좋은 결과를 가져다 준다.

나. 유치원 자전거 안전 교육

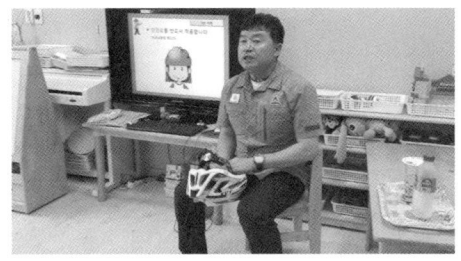

　6~7세의 유치원생들에게는 쉽게 접근할 수 있는 만화로 된 교육 자료를 활용해야 집중력 있고, 자전거는 '차'로 세뇌가 되어야 한다.

1) 이론 교육

단체 교육

반별 교육

> 이론교육은 단체 교육과 반별로 나누게 되는데 교육 여건에 따라 진행되면 된다. 특히나 유아용에 맞게 교육 준비가 되어야 한다. 안전모 착용은 기본적으로 교육되어야 한다.

2) 실기 교육

강당 또는 체육관

공원이나 운동장

실기교육도 유치원의 교육 여건, 장소에 따라 진행되어야 하는데 유아용 자전거는 6~7세 맞는 밸런스 자전거가 적합하다.

3) 교육 방식

- 코스의 순서와 진행 방향을 시범적으로 알려 준다.
- 전체적으로 교육하는 모습을 다 같이 보여주는 것이 좋다.
- 교육용 자전거가 5대가 있으면 5명씩 로테이션으로 진행한다.
- 보통 3~5번 정도 로테이션되면 40분 정도 마무리가 된다.

다. 초등학교 자전거 안전 교육

자전거 안전 교육은 4~5학년을 대상으로 실시되고 이론/실기 교육을 병행하면서 한다. 이론은 전 학년이 받아도 좋고, 실기는 반별로 진행된다.

1) 이론 교육

방송 교육(전 학년)

체육관 교육(한 학년)

반별 교육(한 반)

이론 교육은 방송, 체육관, 반별 3가지로 나누어 진행된다.

2) 실기 교육

체육관

소강당

운동장

3) 교육 방식

- 코스의 순서와 진행 방향을 시범적으로 알려 준다.
- A조: 이론 문제 풀이 및 평가를 실시하고, 미니 자전거 게임을 한다.
- B조: 교육용 자전거가 5대~10대가 있으면 계속적으로 로테이션으로 진행한다.
- A조가 마무리되면, B조와 로테이션한다.
- 보통 3~4번 정도 실기 실습을 하게 되면 45분 정도로 마무리된다.

4) 독일의 자전거 교육(해외 자전거 안전교육 사례)

독일에서는 초등학교 4학년이 되면 교육과정의 일환으로 모든 학생이 의무적으로 자전거 수업을 받은 후 면허시험에 통과하게 되면 자전거 면허증을 획득한 후 도로에서 자전거를 탈 수 있게 된다.

독일 자전거 교육
(출처:https://woman.donga.com/3/all/12/146130/1)

자전거 교육은 3학년 때부터 안전 규칙, 법규 등 이론 수업이 시작되고, 4학년이 되면 실기 교육이 이뤄지는데 학교에서 작은 면허 코스 장을 꾸며서 진행한다. 모든 수업을 마치면 면허시험을 보게 되는데, 일반적으로 담임 교사, 지역 경찰관 한 명과 보조교사가 팀을 이루어 지도하고, 학생들은 자기 자전거를 지참하고 헬멧, 보호대, 안전 조끼 등 안전 장비를 착용하고 수업을 진행한다.
아이들의 생명 및 안전과 관련된 이 수업은 매우 중요한 의미를 갖고 진행하고, 이 교육을 통해서 아이들은 올바른 교통법규를 익히고 도로 위에서 위급한 상황에 적절히 대응하는 능력을 갖추게 된다.

또한, 시민들은 자전거가 안전하게 도로에서 운행할 수 있도록 더욱 책임감 있게 교통법규를 지키는 모습이 매우 인상적이었다.

라. 중·고등학교 자전거 안전 교육

청소년 자전거 안전 교육을 하다 보면 생각보다 진행이 쉽지 않다는 것을 느끼게 되는데 선생님들과 학생들이 교육에 집중할 수 있도록 협조가 되어야 한다.

1) 이론 교육

방송 교육(전 학년)　　체육관 교육(한 학년)　　반별 교육(한 반)

중학교 안전 교육은 전 학년이 방송으로 교육할 수 있고, 체육관이나 강당에서 한 학년이 할 수도 있고, 체육시간에 교실에서 반별로도 교육할 수 있다.

2) 교육 방식

PPT 교육　　　　　　　　　동영상 교육

청소년들에게 딱딱한 PPT 교육보다는 현실적으로 보고 느끼고 실감할 수 있는 동영상 교육이 접근성이 좋다. 45분을 기준으로 자전거 사고 유형을 10가지 준비한다면 한 파트가 끝나면 보충 설명해 주면서 학생들에게 자전거 사고에 대해 경각심을 주도록 해야 집중이 된다.

마. 개인형 이동장치 안전 교육

※ **PM(Personal Mobility): 개인형 이동장치**

새로운 이동수단으로 떠오르는 퍼스널 모빌리티는 편리함도 있겠지만 그에 반하여 위험성을 갖추고 있기에 사용시 안전하게 사용하는 법과 지정된 곳에 주차하는 배려가 필요하겠다.

중, 고등학생들 사이에서 통학용으로 편리하게 이용되고 있지만 편리한 만큼 사고의 위험이 높기에 자전거 안전교육과 개인형 이동장치(PM)교육도 함께 진행되어야 한다.

1) 공유 자전거 교육

자전거는 타는 것보다는 아무 곳에다 무단으로 방치되는게 더 문제가 된다. 지나가는 사람들에게 피해가 가지 않도록 배려하는 마음이 우선되어야 한다.

2) 전동 킥보드 교육

전동 킥보드도 사고가 점차적으로 증가하고 있다. 뒤에 동승자를 태우고 운행하는 것은 금지되며, 운전자가 음주운전을 하면 범칙금이 부가되고, 운전자는 안전모등 보호장구를 의무적으로 착용해야 한다.

3) 자전거 지도자 교육 및 시민교육

시대에 흐름에 따라 PM(개인형 이동장치)의 사용량이 증가 되기에 지도자 교육도 전기자전거와 전동 킥보드와 관련된 내용이 지도자 교육과 시민들의 안전교육시 추가되어야 한다.

4) 자전거 & 개인형이동장치 홍보 리플렛(고양특례시)

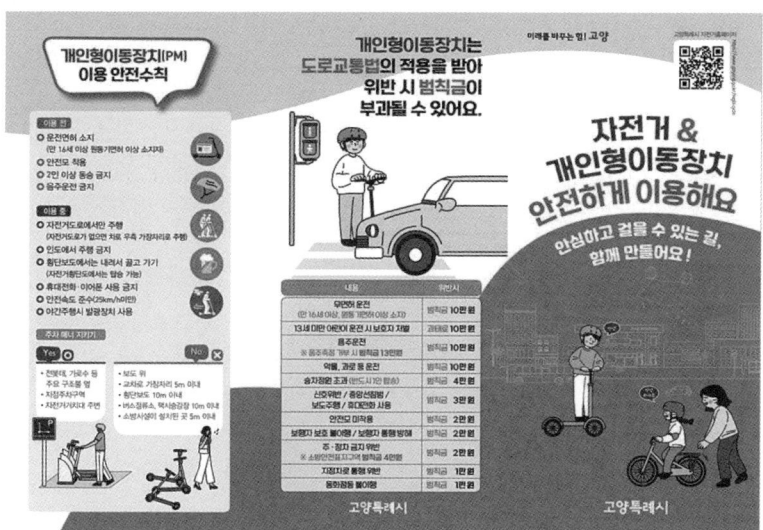

5. 청소년·성인 자전거 안전 교육

가. 청소년 자전거 안전 교육
나. 청소년 자전거 프로그램
다. 성인 자전거 안전 교육

가. 청소년 자전거 안전 교육

신체활동이 많아야 할 청소년기에 우리나라 청소년들은 오로지 공부와 학원으로 대부분의 시간을 보내고 있다. 운동을 꾸준히 병행하면 뇌의 집중력도 좋아진다고 하는데 이제는 국가 정책으로 청소년들에게 공부만 강요하는 것이 아니라 다양한 신체활동과 올바른 인성이 우선 되는 교육을 해야 하겠다.

1) 자전거 안전 교육

자전거를 탈 줄 아는 청소년들에게도 자전거에 대한 안전 교육이 이루어져야 한다. 특히나 안전하게 타는 방법과 함께 준법정신도 같이 교육되어야 한다.

2) 야외 단체 주행 연습

차가 다니지 않는 하천주변이나 자전거 길에서 대형 유지를 하면서 단체 주행을 해봐야 한다. 자전거 대열의 간격을 유지하면서 집중이 되도록 실시한다.

3) 팀워크

나 혼자만 자전거를 타는 것이 아니라 팀이 함께 타기에 팀워크를 길러주어 청소년들에게 "우리"라는 인식을 심어주어야 한다.

4) 강평

자전거 활동이 마무리되면, 개개인에게 강평을 통해서 피드백을 전달해야 한다.

5) 피드백

학생들에게 자전거 활동을 통해 피드백을 전달받으며 서로 소통하면서 성과를 올리게 되면 청소년 시절 좋은 추억과 경험을 통해 성장하는데 밑거름이 되기도 한다.

나. 청소년 자전거 프로그램

청소년 자전거 프로그램도 만들면 다양하게 진행될 수 있다. 자전거 안전 교육에서부터 시작하여 계획을 잡고 하면 청소년들에게는 좋은 경험이 될 수도 있다.

1) 자전거 하천 정화 활동

자전거를 타면서 근처 하천에서 하천 정화 활동을 하면서 생태·환경에 대해서 접할 수 있는 것도 함께 봉사하는 기회를 얻을 수 있다.

2) 자전거 안전 캠페인

지자체 행사에 참여하여 시민들에게 자전거 안전 캠페인을 하게 된다면 그야말로 큰 행사에 참가하는 경험을 얻게 된다.

3) 자전거 역사 체험 활동

청소년들이 자기가 살고 있는 곳의 역사적인 장소를 자전거로 방문해 역사의식을 알고 성장해 가는 것도 좋은 경험이 될 수 있다.

4) 자전거 퍼레이드

지역의 자전거 행사에 직접 참여한다면 좋은 추억이 될 수도 있다.

5) 자전거길 체험 활동

내가 살고 있는 곳을 직접 자전거를 타고 간다면 이것보다 좋은 체험이 있을까 생각하게 된다.

6) 부모님과 함께하는 자전거 프로그램

자전거 하나로 가족과 소통할 수 있는 의미 있는 기회를 얻게 되어 추억을 남기게 된다.

7) 제주도 자전거 탐방 활동

방학을 이용하여 친구들과 함께 제주도 자전거 여행을 통해서 좋은 경험을 얻게 된다.

8) 자전거 국토순례

자전거 국토순례를 통해서 극기와 호연지기를 기르고 내 두 다리로 전국을 갈 수 있다는 자신감을 얻게 된다.

9) 사회단체와 활동

고양시 청소년 단체 프로그램에 참여하여 그동안 활동한 것들을 평가하는 자리가 된다.

10) 자원봉사센터와 연계한 활동

지역의 자원봉사센터와 연계하여 방학을 이용해 청소년들에게 자전거 안전 교육을 통해서 실천하는 행사를 한다.

다. 성인 자전거 안전 교육

바쁜 직장 생활로 신체활동이 저하되어 운동량이 부족하고, 스트레스와 각종 성인병으로 운동이 필요한 시기이기에 본인에게 맞는 운동을 찾아 건강한 생활을 위해 평생 준비를 해야 한다.

1) 자전거 안전 교육

자전거를 못 타면 활동 범위가 좁아지게 되어 불편하기에 한 살이라도 젊을 때 자전거를 꼭! 배워야 한다. 나이가 들어 배우게 되면 체력도 마음도 힘들어진다.

2) 생활로서의 자전거

마트를 갈 때 자가용보다는 생활용 자전거를 타고 가면 보기도 좋다. 기후 위기에 실천할 수 있는 가장 좋은 습관이다.

3) 건강으로서의 자전거

자전거를 타면 다리 근력이 좋아지게 되고 고혈압, 당뇨 등 성인병과 우울증을 예방할 수 있기에 자전거를 타야 한다.

4) 여가로서의 자전거

자전거 하나로 건강과 여가를 함께 얻을 수 있다. 내 두 다리로 전국을 다닐 수 있는 기쁨을 누리게 된다.

5) 환경으로서의 자전거

환경을 지키기 위해서 가장 쉽게 할 수 있는 일은 생활 속 자전거 타기다. 자전거 이용이야말로 지구를 지키는 가장 기본적인 일이다.

6. 자전거 제대로 배우기

가. 자전거 교육의 이해
나. 자전거 교육 준비물
다. 자전거 교육생 복장
라. 준비운동(Warming up)
마. 스트레칭(Stretching)
바. 성인 초급 과정 적응하기
사. 성인 초급 과정 자전거 배우기
아. 성인 중급 과정 자전거 배우기
자. 성인 상급 과정 자전거 배우기

가. 자전거 교육의 이해

자전거 교육도 학교 교육 과정처럼 되어있기에 성실하게 교육 받아야 한다. 간혹 무료교육이라고 생각하고 대충 교육받는 것처럼 생각한다면 적응하기 어렵기에 간절하고 절실한 마음으로 교육받아야 한다.

1) 자전거 교육 홍보

자전거 교육 일정이 정해지게 되면 이제는 교육 홍보를 위해 신경써야 하기에 분주히 움직여야 한다. 홍보 수단으로는 현수막, 블로그, 페이스북, 유튜브 등 SNS에 꾸준하게 글을 올려야 한다.

2) 오리엔테이션

자전거 교육의 시작 단계로 교육 과정을 소개한다. 오리엔테이션에 결석하면 우왕좌왕하게 되니 첫 단추를 잘 끼우기 위해서는 꼭! 참석해야 한다.

3) 자전거에 대한 이해

이제부터 자전거를 직접 만져보는 단계로 기본적인 용어는 알고 있어야 한다. 핸들, 브레이크, 페달, 안장, 지지대 등

4) 자전거 다루기

자전거를 바로 타는 것이 아니라, 자전거 끌고 타고 내리는 연습이 자연스럽게 되어야 한다. 모든 동작은 '숙달반복'의 연속이다.

5) 자전거 타기

한 동작, 한 동작 숙달 반복으로 인해 자연스러운 자전거 타기가 되어야 한다.

6) 자전거 도로 체험

자전거도로 체험을 통해서 다시 한 번 자전거에 대해서 새롭게 느끼기 시작하게 된다.

7) 강평

오늘 강습했던 내용들을 이해하고, 교육생들의 상태와 교육 시 주의사항과 함께 차후 교육 진행 과정을 알려준다.

나. 자전거 교육 준비물

자전거를 안전하게 배우기 위한 필요한 준비물이 있다. 초보자들은 개인의 안전을 위해서 반드시 구입해야 한다.

1) 헬멧

교육 시 가장 기본적으로 준비되어야 할 품목이다. 머리에 잘 맞는지 확인하고 써보아야 한다.

2) 장갑

넘어졌을 때 손에 상처를 입기에 가급적이면 손을 보호할 수 있는 긴 장갑이 좋다.

3) 보호대

보호대는 자전거에서 넘어졌을 때 관절의 부상을 줄이기 위해서 팔목과 무릎에 착용한다.

4) 바지

교육을 받을 때 바지는 되도록 흰색 계통은 피하고 검은 색 계통의 신축성이 있는 편한 바지를 선택한다.

5) 상의

상의는 짧은 반팔보다는 땀 흡수가 잘되고 눈에 띄는 밝은 색 계통의 긴 옷을 입는다.

6) 신발

페달이 미끄러지지 않도록 밑창이 딱딱하고 돌기가 있는 제품이 좋고 신발 끈이 풀어지지 않도록 주의를 한다.

7) 안전 조끼

안전 조끼는 교육을 받을 시 여러 사람의 눈에 잘 보이도록 안전을 위해서 착용을 하는 것이 좋다.

8) 안장 커버

딱딱한 안장에 적응이 되려면 시간이 많이 필요하기에 안장 커버를 이용하게 되면 쉽게 자전거에 적응이 될 수 있다.

다. 자전거 교육생 복장

자전거를 배울 준비가 되었으면 자전거 교육생 복장도 안전을 위해 중요하니 지도자는 확인해야 한다. 통이 넓은 바지는 페달 돌릴 때 바지가 걸릴 수 있고, 신발 끈이 길면 페달 돌릴 때 말려 들어갈 수도 있기에 위험하다. 교육시 슬리퍼, 샌들, 통이 넓은 바지는 착용하지 않도록 지도한다.

[확인사항]
1. 안전모는 제대로 착용했는지?
2. 안전조끼는 뒤집어 입지 않았는지?
3. 보호대는 제대로 착용했는지?
4. 통이 넓은 바지를 입었는지?
5. 장갑은 준비되었는지?
6. 신발 끈이 너무 길게 되어 있는지?
7. 기타

라. 준비운동(Warming up)

준비운동은 본격적인 운동 전에 몸을 풀기 위해서 하는 가벼운 운동이다. 운동을 갑자기 시작할 경우 발생하게 되는 신체의 부작용을 예방하고 우리 몸을 운동하기에 적합한 상태로 만드는 동작을 말한다. 특히 추운 겨울 날씨에는 약간 땀이 나는 정도까지 몸을 풀어주어야 운동할 때 안전하다.

준비운동

*** 준비운동 공식**
- 걷거나 가볍게 조깅을 해준다.
- 관절 운동을 먼저 실시한다.
- 아래서부터 위로 몸을 풀어준다(심장에서 먼 곳부터).
- 좌측에서 우측으로 몸을 풀어준다.

*** 준비운동 순서**
- 아래서부터 순차적으로 위로 올라간다.
- 신체에 부족한 부분은 집중적으로 실시한다.
- 자연스럽고 편하게 동작이 나와야 한다.

1) 관절운동

- 손목, 발목 돌려주기
- 무릎 돌려주기
- 허리 돌려주기
- 어깨 돌려주기
- 목 돌려주기

손목+발목 돌려주기

무릎 돌려주기

허리 돌려주기

어깨 짧게 돌려주기

어깨 넓게 돌려주기

목 돌려주기

2) 준비운동 적용

손목 + 발목 털어주기   손목 + 발목 돌려주기

앉았다 일어나기   무릎 돌려주기

짧게 다리 눌러주기   측면 무릎 눌러주기

좌우로 벌려주기 | 몸통 돌려주기

허리 돌려주기 | 어깨 짧게 돌려주기

어깨 넓게 돌려주기 | 목 돌려주기

마. 스트레칭(Stretching)

스트레칭은 좁은 곳에서도 공간의 제한을 받지 않고 할 수 있는 장점이 있다. 운동선수들은 경기력 향상과 부상을 예방하기 위하여 부위별 스트레칭이 자유로워야 한다. 특히 운동을 가르치는 지도자들과 코치들도 관심 있게 지켜봐야 할 대상이고 체계적으로 지도할 수 있어야 한다. 일반인들은 경기력보다는 건강과 안전을 위해서 스트레칭이 필요하다. 특히 자전거를 타다가 넘어졌을 때 몸이 유연한 것과 뻣뻣한 것과는 부상의 차이가 크기 때문이다.

1) 스트레칭(Stretching)이란?

스트레치(Stretch)는 '펴다', '잡아당긴다'라는 의미

2) 스트레칭의 장점

- 유연성을 향상시킨다.
- 관절의 가동범위를 넓게 해 준다.
- 경기력을 향상시킨다.
- 부상을 예방해준다.
- 피로를 풀어준다.

3) 스트레칭의 종류

- 정적 스트레칭

느리고 반동을 주지 않는 스트레칭으로 가장 보편적이고 많이 사용되고 있다.

- 동적 스트레칭

반동을 이용해서 리드미컬하게 하는 스트레칭으로 전통적인 형태의 방법으로 사용된다.

4) 스트레칭 시 주의사항

- 반동을 주지 않는다.
- 개인의 신체 능력에 맞게 해 준다.
- 무리하게 하지 않는다.
- 호흡을 자연스럽게 해 준다.

5) 스트레칭 공식

- 준비운동을 먼저 해 준다.
- 위에서 아래로 스트레칭을 해 준다.
- 좌측에서 우측으로 스트레칭을 해 준다.
- 신체의 전·후/좌·우 부분을 골고루 스트레칭해 준다.

(1) 기본 스트레칭

스트레칭 중 가장 기본이 되는 스트레칭으로 피곤하게 되면 기지개를 켜는 본능적인 스트레칭 동작이다.

손에 깍지를 끼우고 정면으로 손을 뻗어주고 난 다음 천천히 위로 팔을 뻗어준다.

(2) 상체 측면 스트레칭

상체의 측면을 스트레칭시키는 동작이다. 사이클 경기시 허리와 등에 많은 부담이 가는데, 측면 스트레칭으로 척추를 지지하는 허리의 통증을 미리 예방시켜주는 역할을 한다.

손에 깍지를 끼운 상태에서 좌측으로 숙여주고 난 다음 천천히 우측으로 숙여준다.

(3) 목 스트레칭(전면, 후면)

목의 전면, 후면을 스트레칭시켜 경직된 목에 피로감을 풀어주는 역할을 한다. 특히 뒤로 젖히는 자세는 목의 통증을 예방시켜 사이클에서 필요한 동작이다.

머리 뒤에 깍지를 끼우고 앞으로 숙여주고 난 다음 천천히 엄지손가락을 턱에 대고 뒤로 밀어준다.

(4) 목 스트레칭(좌/우 숙여주기)

목의 좌, 우측을 스트레칭시켜 경직된 목에 피로감을 풀어준다. 목의 양쪽 측면의 밸런스 유지에 도움이 되는 동작이다.

어깨는 수평으로 하고 목을 좌측으로 숙여주고 난 다음 천천히 다시 우측으로 숙여준다.

(5) 목 스트레칭(좌·우/틀어주기)

목의 좌, 우측을 틀어주는 스트레칭은 목이 부드러우면 가동범위가 넓어져 시합 시 경기력에 유리하게 작용하고 경직된 목에 피로를 풀어주는 동작이다.

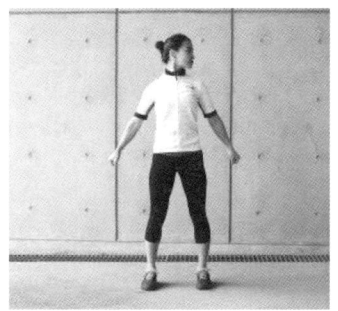 

팔은 뒤로 뻗어주고 목을 좌측으로 틀어주고 난 다음 천천히 목을 우측으로 최대한 틀어준다.

(6) 어깨 스트레칭(전면)

전면 어깨 부분을 스트레칭시켜 사이클 경기시 핸들에서의 경직된 어깨의 피로를 풀어주는 동작이다.

앞쪽의 좌측 어깨를 틀어주고 난 다음 천천히 우측으로 어깨를 최대한 틀어준다.

(7) 어깨 스트레칭(후면)

후면 어깨 부분을 스트레칭한다. 일반적으로 컴퓨터 작업을 오래 하면 어깨가 결리게 되는데 사이클 경기 시 핸들링에서 경직된 어깨의 피로를 풀어주는 동작으로 오십견에도 도움이 된다.

어깨 뒤쪽으로 팔꿈치를 잡고 좌측으로 당겨주고 난 다음 천천히 우측으로 팔꿈치를 당겨준다.

(8) 어깨 및 가슴 스트레칭

상체의 균형을 유지하고 어깨와 가슴을 스트레칭해 자세 교정에 도움이 된다. 긴장된 상부의 피로를 풀어주고 사이클 경기력에도 영향을 주는 동작으로 오십견에도 도움이 된다.

상체를 편 상태에서 뒤로 깍지를 끼고 팔을 뻗고 상체를 앞으로 숙여주면서 무릎을 구부려 준다.

(9) 허리, 햄스트링 스트레칭

허리를 뒤로 젖혀주면서 긴장된 허리의 부담을 덜어 주는 스트레칭이다. 앞으로 숙여주면서 뒤쪽 허벅지(햄스트링)의 피로를 풀어주어 사이클에서 상, 하체의 경직된 부분을 풀어주는 동작이다.

손으로 뒤 허벅지를 잡고 상체를 뒤로 서서히 젖혀주고 난 다음 천천히 앞으로 숙여준다.

(10) 측면 장경인대 스트레칭

장경인대 스트레칭은 무릎이 아픈 선수들에게 효과가 있다. 사이클에서도 경기력을 향상시키는 스트레칭이다.

상체를 편상태에서 다리를 교차한 상태에서 상체를 앞으로 숙여준다.

(11) 몸통 스트레칭

상, 하체를 균형 있게 유지하는 스트레칭으로 자세교정에도 도움이 된다. 긴장된 허리에 피로를 풀어주기에 사이클 경기력에도 영향을 주는 동작이다.

상체를 앞으로 숙인 상태에서 한쪽 손은 발목을 잡아주고 반대편 팔은 대각선을 뻗어준다.

(12) 종아리 스트레칭

하체의 종아리 근육을 단련시키는 스트레칭으로 종아리 근육이 약하게 되면 경련(쥐)이 자주 일어나게 된다. 지구력 강화에도 도움이 되고 페달링 시 페달을 당기고 올려줄 때 도움이 되는 동작이다.

상체를 편 상태에서 앞쪽 다리는 무릎을 구부리고 뒤쪽 다리는 펴주고 천천히 상체를 앞으로 숙인다.

(13) 햄스트링 스트레칭

하체에 긴장된 햄스트링을 풀어주는 스트레칭으로 사이클에서 페달링으로 피곤한 다리를 빠르게 회복시켜 주는 동작이다.

좌측 발은 앞으로 뻗어주면서 앞꿈치는 들고 우측 발은 약간 구부려 주면서 손을 지탱을 시킨다.

(14) 햄스트링 스트레칭

하체에 긴장된 햄스트링을 풀어주는 스트레칭으로 사이클에서는 페달링으로 피곤한 다리를 빠르게 회복시켜주는 동작이다.

선 상태에서 좌측으로 상체를 천천히 숙여주고 다시 반대쪽으로 실시한다.

(15) 고관절 내전근 스트레칭

상하체에 균형을 유지하는 스트레칭으로 자세교정에도 도움이 된다. 특히 상체를 틀어주는 동작은 사이클에서도 긴장된 허리와 햄스트링을 풀어주는 데 효과가 있는 동작이다.

기마자세에서 손은 무릎을 지탱시키고 좌측으로 몸을 틀어주고 천천히 우측으로 몸을 틀어준다.

(16) 둔근 스트레칭(전면)

몸 전체의 균형감각을 유지하는데 도움이 된다. 엉덩이와 햄스트링을 스트레칭시키고 사이클에서 페달링을 부드럽게 향상시키는 데 도움이 되는 동작이다.

선 상태에서 좌측 무릎을 구부려 잡고 균형을 유지하면서 천천히 우측 무릎을 구부려준다.

(17) 대퇴사두근 스트레칭(후면)

몸 전체의 균형감각을 유지하는 데 도움이 된다. 대퇴 사두근을 스트레칭시켜주고 발목을 유연하게 만들어 사이클에서 페달링을 향상시키는데 도움이 되는 동작이다.

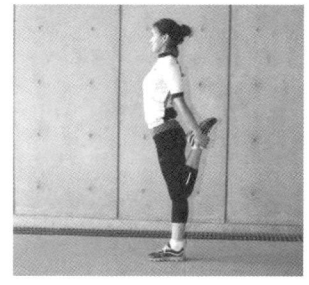 

선상태에서 몸의 균형을 잡고 좌측 발목을 잡고 우측 팔은 옆으로 뻗어준다.

(18) 고관절 내전근 스트레칭(측면)

하체에 균형을 유지하면서 고관절의 가동범위를 최대한 향상시키는 스트레칭으로 사이클에서 효과적인 페달링과 다리에 피로를 풀어주는 동작이다.

앉은 상태에서 좌측으로 다리를 뻗어주고 균형을 유지하면서 앞쪽으로 팔을 펴준다.

(19) 발목 스트레칭(안쪽)

발목의 유연성을 향상시키는 스트레칭으로 자주 하면 발목이 강화되고 잘 겹질리지 않아서 효과가 있다. 사이클에서는 페달을 밀고 당길 때 도움이 되는 동작이다.

선 상태에서 발목을 안쪽으로 틀어주고 천천히 상체를 숙여준다.

(20) 발목 스트레칭(측면)

발목의 유연성을 향상시키는 스트레칭으로 자주 하게 되면 발목이 강화되고 잘 겹질리지 않아서 효과가 있다. 사이클에서는 페달을 밀고 당길 때 도움이 되는 동작이다.

선 상태에서 발목을 좌우로 천천히 틀어준다.

바. 성인 초급 과정 적응하기

1) 준비운동 및 스트레칭

가볍게 걷기를 실시한 후 준비운동과 스트레칭을 실시한다.

2) 자전거 스탠드 안전장치 열고, 닫기

자전거 스탠드 안전장치 열고 닫는 연습이다. 처음에는 이것도 쉽지 않기에 발목을 부드럽게 사용하면 자연스럽게 된다.

◀)) 구령 : 하나부터 시작하여 열 번까지 열고, 닫는 동작을 숙달 반복한다.

3) 자전거 스탠드 당겨주기

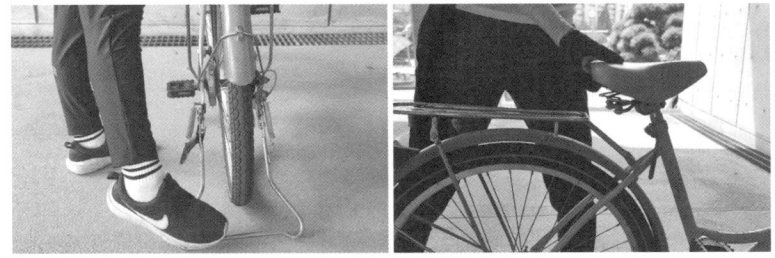

자전거 스탠드 발로 눌러주고 안장 뒷부분을 당겨준다.

🔊 구령 : 하나에 스탠드를 발로 눌러주고 둘에 안장 뒷부분을 당겨준다.

4) 자전거 위치 이동

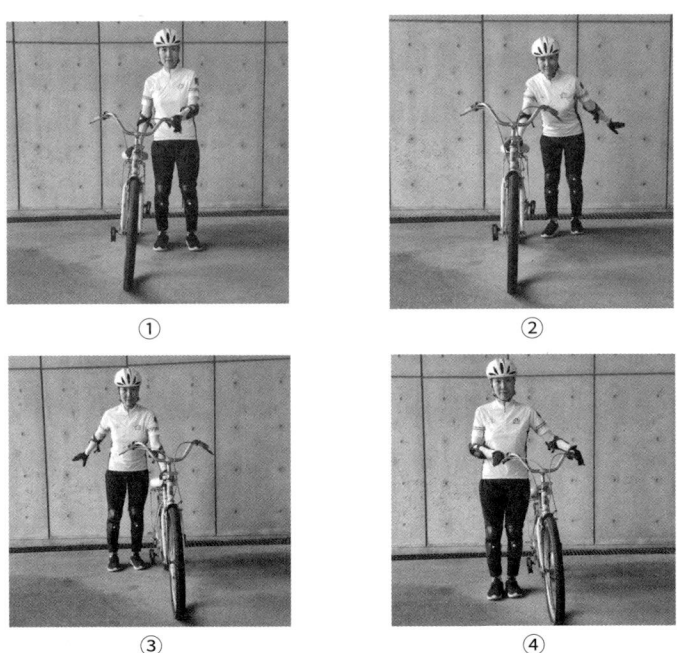

① ②
③ ④

왼쪽으로 자전거를 끌 때는 위치 이동이 필요하지 않지만, 오른쪽으로 자전거를 끌 때는 위치 이동이 필요하다. 서두르지 말고 구분 동작으로 실시하여 자연스럽게 될 때까지 연습한다.

🔊 구령 : 하나: 왼쪽 손 핸들 잡고, 오른손 안장 잡고
  둘: 뒤로 빠지고
  셋: 왼쪽 손으로 안장 잡고
  넷: 양손 핸들 잡고

자전거를 잘 타기 위한 조언

- 단순하지만 급하게 서두르지 말고 침착하게 한다.
- 잘 될 때까지 숙달 반복한다.
- 긍정적인 마음가짐이 필요하다.
- 지도자가 가르치는 의도대로 따라 해야 한다.
- 빠지지 않고 성실하게 교육에 출석해야 한다.
- 연습은 자전거 학교에서만 하고 예습, 복습은 하지 않아도 된다.

사. 성인 초급 과정 자전거 배우기

1) 자전거 끌기

자전거를 끌어 보면 자전거에 적응하는지 금방 알 수 있기에 자연스럽게 끌 때까지 연습되어야 한다.

2) 자전거 타고 내리기

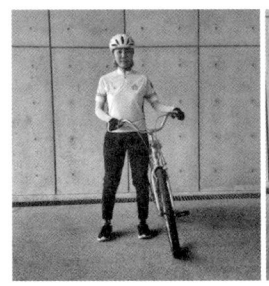

자전거를 타고 내릴 때도 집중해서 해야 한다. 잘못하면 넘어질 수도 있다. 자전거를 기울이고 왼쪽 다리가 안장 뒤쪽으로 향하면서 앉는다.

🔊 구령: 브레이크 잡고, 기울이고, 타고 & 내리고

3) 평지에서 양발로 밀어 주기

 자전거를 타고 균형 잡으면서 양발로 짧게 짧게 밀어 주는 연습이다. 앞 꿈치로 밀어준다. 이때 몸에 힘이 들어가면 자전거가 나가지 않는다.

4) 경사진 곳에서 양발로 밀어주기

 평지보다 약간 경사진 곳에서 짧게 짧게 연속으로 밀어주는 연습이 자연스럽게 되어야 한다.

5) 경사진 곳에서 균형 잡고 내려오기

자연스럽게 밀어주다 보면 자세가 안정되어 발 닿는 횟수가 줄어들면서 균형을 잡게 된다. 흔들림 없이 내려와야 다음 과정이 수월하다.

※ 주의사항: 이때부터 출발 시 계속적으로 오른쪽 발로 짧게 3번 정도 밀어주면서 출발하는 연습이 되어야 한다.

6) 한쪽 발 페달 밟고 균형 잡고 내려오기

자전거를 약간 오른쪽으로 기울이고 왼쪽 페달을 아래로 내리면서 왼쪽 발은 페달을 밟아주고, 오른쪽 다리는 옆으로 뻗어주면서 내려온다.

7) 페달 찾기

　오른쪽 다리가 옆으로 간 상태에서 자세가 안정되면 페달 찾기를 해준다.

🔊 구령 : 하나에 다리를 앞으로 뻗고, 둘에 페달을 찾는다.

8) 페달 돌리기

　언덕에서 균형 잡고 내려오다가 자세가 안정되면 지도자 동작에 맞추어 페달을 돌려준다.

🔊 구령 : 페달 찾기 사인을 보낸다.

9) 경사진 곳에서 페달 돌리기

 약간 경사진 곳으로 이동해서 페달 돌리기 연습을 해준다. 처음에는 연속으로 3번 밀어주는 동작이 되어야 페달 돌리기가 잘 된다.

10) 평지에서 페달 돌리기

 경사진 곳에서 연습이 되었다면 이제는 평지에서 출발하는 연습을 한다. 이제 진짜 내 실력이 되기에 출발이 잘되어야 한다.

11) 코너링 주행

평지에서 출발이 되었으면 좀 더 넓은 공간으로 이동해서 커브길 주행을 하는데 조금씩 단계를 넓혀서 진행되어야 한다.

12) 단체 주행

커브길 주행이 완성되면 단체로 출발할 수 있게 대형을 유지하면서 멈추는 연습이 되어야 한다.

13) 오르막 & 내리막 주행

오르막과 내리막 연습이 되어야 기본적인 활동을 할 수가 있다. 특히나 내리막에서 거리를 유지하면서 브레이크를 서서히 잡는 연습이 되어야 한다.

14) 보도에서 주행(넓은 보도 & 좁은 보도)

사람이 다니는 보도에서(넓은 보도 & 좁은 보도) 자전거 타면 긴장되기에 충분히 연습되어야 야외 체험 활동을 할 수 있다.

15) 야외 도로 체험 활동

자전거를 배우면서 야외에서 단체 주행을 하게 되면 가장 긴장이 되는 순간이기에 집중해야 한다.

16) 자전거 초급 과정 수료식

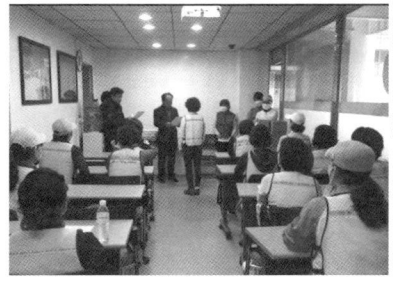
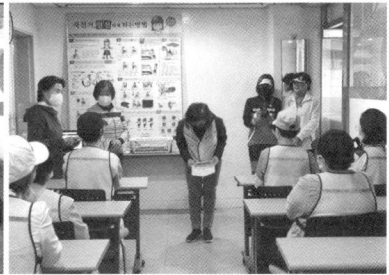

자전거 초급 과정 수료자들에게는 '자전거를 제대로 배워야 한다'는 인식을 심어 주어야 한다.

17) 자전거 초급 과정 개인별 강평

개인별 강평을 통해서 자전거에 대한 이해를 새롭게 할 수 있는 기회가 된다.

아. 성인 중급 과정 자전거 배우기

1) 준비운동 및 스트레칭

가볍게 걷기를 실시한 후 준비운동과 스트레칭을 실시한다.

2) 자전거 끌기

중급 자전거도 처음에는 낯설기에 자연스럽게 끄는 연습되어야 한다.

3) 자전거 타고 내리기

중급 자전거는 탑튜브에 발이 걸릴 수 있기에 타고 내릴 때, 잘 기울여 주어야 한다.

🔊 구령 : 브레이크 잡고, 기울이고, 타고 & 내리고

📢 **자전거를 잘 타기 위한 조언**

- 중급 자전거는 초급 자전거와 포지션이 다르기에 집중해야 한다.
- 단순하지만 급하게 서두르지 말고 침착하게 한다.
- 출발 시 오른쪽 발로 3번 정도 밀어준다.

4) 경사진 곳에서 페달 돌리기

약간 경사진 곳에서 중급 자전거를 타고 내려오면서 적응한다.

5) 평지에서 출발하고 정지하기

경사진 곳에서 연습되었다면 평지에서 정확하게 출발하고 내리는 연습을 한다.

6) 정지된 자전거 타고 왼발 균형 잡기

정지된 상태에서 왼쪽 페달을 아래로 내려주고 브레이크를 잡아주면서 오른쪽 발은 옆으로 뻗어주면서 균형을 잡는다. 이때 힘의 비율은 왼쪽과 오른쪽 비율이 3:7이 되어야 안정적이다.

🔊 구령 : 하나, 둘, 셋, 넷, 다섯 번까지 자연스럽게 연습한다.

7) 평지에서 짧게 짧게 밀어주기

 자전거 왼쪽 페달이 아래로 간 상태에서 왼쪽 발은 페달을 밟아주고 오른발은 짧게 짧게 리듬감 있게 밀어준다. 이때 몸에 힘이 들어가면 자전거가 나가지 않는다.

8) 경사진 곳에서 균형 잡고 내려오기

 약간 경사진 곳에서 왼쪽 페달은 아래로 한 상태에서 페달을 밟아주고 오른발로 밀어주면서 균형을 잡고 내려온다.

9) 경사진 곳에서 앉고 돌리기

오른발로 세 번 정도 짧게 밀어주면서 균형 잡고 내려오다가 자세가 안정되면 안장에 앉고 페달을 돌려준다.

🔊 구령 : 하나, 둘, 셋, 앉고, 돌리고

10) 평지에서 앉고 돌리기

평지에서 스탠딩 출발이 완성된다면 자전거 배우기가 더 재미있어지고 보람도 느끼게 된다.

11) 평지에서 엉덩이 들기

 자전거를 타고 가다가 왼쪽 페달을 아래로 내린 상태에서 엉덩이를 살짝 올려주는 연습이다.

12) 평지에서 브레이크 잡고 내리기

 자전거를 타고 가다가 내릴 때 브레이크 잡고 엉덩이를 들어주면서 내려준다.

◀)) 구령 : 브레이크 잡고, 엉덩이 들고, 착지

13) 출발하고 정지하기 완성

이제 출발하고 정지하는 스탠딩 자세가 완성되는 단계이기에 자연스럽게 연습되어야 한다.

14) 안장 올려주기

출발하고 정지하는 스탠딩 자세가 숙지된 후, 다음으로 낮아진 안장을 올려주게 된다면 새로운 신세계를 경험하면서 자전거 타기가 더 즐거워진다.

15) 오르막 & 내리막 주행

초급 과정에서 경험되었기에 자연스럽게 진행하면 된다.
내리막에서는 간격을 유지하면서 브레이크 잡는 게 숙달되어야 한다.

16) 보도에서 주행(넓은 보도 & 좁은 보도)

아직도 지나가는 사람들이 두렵기에 자신감 있게 출발하고 내리는 것이 자연스럽게 되어야 한다.

17) 야외 도로 체험 활동

초급 과정에서도 진행이 되었지만, 야외에서는 긴장이 되기에 최대한 집중해서 자전거를 타야 한다.

18) 중급 과정 개인별 강평

개인별 강평을 통해서 자전거에 대한 이해를 다시 한번 돌이켜 볼 수 있는 기회가 된다.

자. 성인 상급 과정 자전거 배우기

1) 준비운동 및 스트레칭

가볍게 걷기를 실시한 후 준비운동과 스트레칭을 실시한다.

2) 자전거 끌기

중급 자전거보다 상급 자전거가 가볍기 때문에 끌기에도 수월하다.

3) 자전거 타고 및 내리기

이제 자전거에 숙달되었기에 타고 내리는 연습도 자연스럽게 된다.

🔊 구령 : 브레이크 잡고, 기울이고, 타고 & 내리고

> **📢 자전거를 잘 타기 위한 조언**
>
> - 상급 자전거는 더 가볍기에 처음 배운다는 마음으로 침착하게 한다.
> - 출발 시 오른쪽 발로 3번 정도 밀어준다.
> - 조금 탈 줄 안다고 방심하면 안 된다.

4) 출발하고 내리기

 평지에서 출발하고 내리는 연습이 자연스럽게 되어야 하고 새로운 장비에도 적응되어야 한다.

5) 자전거 눕히기

 자전거 스탠드가 있어도 자전거 눕히는 연습이 되어야 한다. 왼쪽 페달이 수직이 되어야 하고 자연스럽게 상체를 숙이면서 왼쪽으로 눕힌다.

🔊) 구령 : 하나: 왼쪽 페달 수직, 둘: 브레이크 잡고
　　　셋: 오른발을 앞으로 뻗으며 상체를 숙여준다.

6) 기어 사용법 지도 1

변속기 레버를 누르고, 당기는 연습을 한다.

◀)) 구령 : 엄지로 눌러주고, 검지로 당긴다.

7) 기어 사용법 지도 2

우선 자전거 지지대가 있는 상태에서 자전거를 기울이고 페달을 돌려주면서 변속기 레버를 누르고, 당기는 연습을 단계적으로 실시한다.

◀)) 구령 : 페달은 돌리고 변속기 레버를 누르고, 당겨준다.

8) 기어 변속기 조작 1(평지)

　평지에서 자연스럽게 변속기 레버를 누르고, 당기는 연습이 되어야 한다. 이때 시선은 정면이 되어야 한다.

9) 기어 변속기 조작 2(약간 언덕)

　약간 경사가 있는 곳에서 기어 변속이 자연스럽게 눌러 주는 연습이 되어야 한다.

10) 기어 변속기 조작 3(언덕)

경사가 있는 곳에서 기어 변속이 자연스럽게 되는 연습을 실시 한다.

끝까지 정상에 올라가지 못하더라도 교육생에게 자신감을 주어야 한다.

11) 내리막 연습

내리막은 시선을 멀리 보아야 하고 천천히 브레이크를 잡고 내려와야 한다.

12) 스탠딩 자세 연습

자전거 페달을 수평으로 한 상태에서 엉덩이를 살짝 들어주는 연습이다. 이때 페달은 오른쪽이 앞으로 가야 한다.

13) S자 주행 연습

직선거리 주행, 커브길 주행이 되었다면 이제는 장애물을 통과하는 연습으로 S자 주행이 되면 핸들의 조정력이 더욱 좋아지게 된다.

14) 볼라드 통과 연습

주변에 생각보다 장애물이 많기에 기본적으로 볼라드 통과하는 연습이 되어야 한다. 라바콘은 처음에는 넓게 시작하여 차차 조금씩 좁혀준다.

15) 보도에서 주행(넓은 보도 & 좁은 보도)

보도에서 자연스럽게 페달을 돌릴 수 있어야 하고 이제 지나가는 사람들도 두렵지 않게 된다. 보행자에게 서로 배려하는 마음가짐이 필요하다.

16) 야외 도로 체험 활동

야외 도로 체험 활동을 통해서 단체 주행의 중요성을 알게 되고 자전거 도로에도 관심을 갖게 된다.

17) 상급 과정 개인별 강평

자전거를 잘 탈수록 안목이 넓어지기에 단체주행도 자신감 있어지게 되는데 이제부터 시작이라고 생각하고 자전거를 배운 대로 안전하게 타야 한다.

7. 자전거 안전 점검, 보관 및 응급 처치

가. 자전거 안전 점검 A, B, C
나. 자전거 분실 예방을 위한 Tip
다. 안전을 위한 준비와 응급처치

가. 자전거 안전 점검 A, B, C

자전거를 안전하게 타기 위해서는 기본적인 점검이 필요하다. 우선 A, B, C로 점검하고 천천히 시계 반대 방향으로 핸들, 안장, 페달, 기타 순으로 점검해본다. 항상 타기 전에 미리 확인하는 습관이 되어야 한다.

- Air: 공기
- Brake: 브레이크
- Chain: 체인
- 기타

1) 타이어 공기압

타이어의 공기압은 사람의 체중에 따라 다르기 때문에 출발하기 전에 미리 확인을 해준다. 손가락으로 눌렀을 때 타이어가 들어가지 않을 정도로 공기압을 유지해 준다.

2) 브레이크 작동 유무

자전거를 탈 때 가장 중요한 역할을 하는 것이 브레이크이다. 항상 타기 전에 브레이크를 제일 먼저 점검해야 한다. 양쪽 브레이크를 잡았을 때 바퀴가 움직이지 않아야 한다.

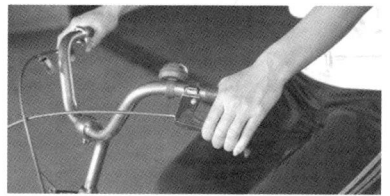

안전을 위해서 브레이크에 손이 가 있어야 한다.

3) 체인 확인

체인도 오래되면 녹이 슬거나 마모가 되고 늘어나기에 주기적으로 점검이 필요하다. 부드럽게 유지하기 위해서 윤활유를 쳐주어야 한다.

4) 핸들바

핸들이 좌우로 틀어지지 않았는지 확인한다. 충격에 의해서 핸들이 틀어질 수 있다. 항상 차체와 핸들바가 ＋자가 되어야 한다.

후면에서 보았을 때 핸들이 우측으로 틀어져 있다.

5) 안장

안장이 차체와 바르게 되었는지 확인한다. 측면에서 보았을 때 안장이 수평이 되어야 하고 후면에서 안장이 틀어졌는지 확인해 준다.

후면에서 보았을 때 안장이 우측으로 틀어져 있다.

6) 페달

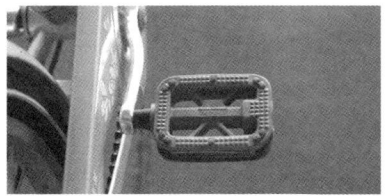

페달과 크랭크의 흔들림이 있는지 확인을 해준다. 가끔 소리가 날 수 있으니 부드럽게 유지하기 위해서 윤활유를 쳐준다.

7) 기어 변속 조작하기

페달을 돌리며 기어 변속을 하나씩 해보면서 기어를 가볍게, 무겁게 연속해서 변속해 본다. 체인이 부드럽게 변속되면 된다.

8) 페달을 한번 뒤로 돌려본다

자전거 출발 시 왼쪽 페달을 뒤로 돌려본다. 뒷변속기가 정상으로 작동되는지 여부를 확인하기 위해서이다.

9) 가볍게 떨어뜨려 본다

자전거를 타기 전 이상 유무를 확인하기 위해서 가볍게 들어서 바닥에 살짝 떨어뜨려 본다. 만약 이상한 소리가 들리게 되면 조치한다.

나. 자전거 분실 예방을 위한 Tip

자전거를 구입해 얼마 되지 않아 자전거를 분실했다면 그 심정은 어떨까? 아마 억장이 무너질 정도로 상실감이 클 것이다. 우리나라뿐만 아니라 외국의 선진국도 자전거 분실 때문에 골머리를 앓고 있듯이 자전거는 분실되지 않게 잘 보관해 주어야 한다. 자전거를 훔치게 되면 '절도죄'가 성립이 되기에 호기심으로 자전거를 훔치게 되면 처벌을 받게 되니 이점은 명심해야 하는데 특히 청소년들에게 교육되어야 한다.

1) 자전거 사진을 직접 찍어두어라

자전거를 분실했을 때 내 자전거임을 증명할 수 있는 증거가 있어야 한다. 그러기 위해서는 미리 사진을 찍어 두는 것이 좋다.

2) 자전거 제품번호를 알아두어라

자전거에는 고유의 제품번호가 있다. 크랭크 아래쪽에 제품번호가 새겨져 있는데 제품번호를 알게 되면 자전거 분실 시 내 것임을 증명할 수 가 있다.

3) 자전거 부품의 스펙을 알아야 한다

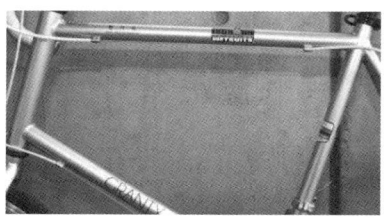

자전거에는 고유의 이름이 있고 부품의 등급이 있기에 자전거 전체 스펙을 잘 알아두어야 한다. 부품을 업그레이드 하게 되면 더 잘 알 수가 있다. 스펙을 모르면 구입한 제품의 홈페이지를 참고하면 좋다.

4) 자전거 특징을 알아야 한다

본인의 자전거는 본인이 더 잘 알기에 어디에 흠집이 있는지 유심히 살펴본 다음 잘 표시해 두어라. 개인마다 자전거 보관에 상태에 따라서 다르게 나타난다.

5) 자전거를 이중으로 잠가라

급하게 볼일 볼 때는 자전거를 이중으로 잠가 두는 것이 좋다. 열쇠로 잠글 때 바퀴의 Q.R 레버가 있는 바퀴쪽만 묶게 되면 바퀴만 그대로 있고 차체만 분실될 수 있기에 이중으로 잠가서 보관을 하는 것이 안전하다.

6) 항상 눈앞에 자전거가 보여야 한다

식사를 할 때도 자전거가 눈에 띄는 곳에 있어야 하고, 자전거 보관할 때는 베란다보다는 집안이나 사무실 안에 보관해야 분실될 위험이 적다.

7) CCTV를 활용하라

CCTV가 활성화되고 있기에 반경 1Km 주변은 확인할 수 있다. 그러기 위해서는 경찰의 협조가 필요한데, 이때 본인의 자전거임을 입증할 수 있는 기본 자료가 필요하다.

8) 인터넷을 활용하라

인터넷을 활용하여 분실된 자전거를 공개적으로 수배하거나 근처 자전거 매장이나 자전거에 관련된 곳에 분실신고를 한다. 6하 원칙으로 자세하게 올려야 한다.

9) 스마트 태그로 내 자전거 위치를 추적하라

삼성에서 개발한 블루투스 기반에 주변에 갤럭시 중계기가 위치 축적기로 잘 숨기기만 하면 외국에서 까지 별도 비용 없이 위치 추적을 해서 내 자전거를 찾을 수 있다.

다. 안전을 위한 준비와 응급처치

도로조건이 좋아질수록 자전거 타는 시민들이 늘어나고 있지만 사고에 대해서는 미리 준비하는 습관이 되어 있어야 한다. 우선 나의 잘못으로 인해서 남에게 피해가 가지 않도록 해야 하고 사고는 언제 일어날지 모르기 때문에 항상 사고에 대비해야 하고 준비되어야 한다.

1) 119에 신고한다

갑작스러운 사고를 당하게 되면 당황하게 되기에 우선 환자의 상태를 보면서 119에 신고하는 것이 좋다. 휴대폰으로 사고의 장소를 증거로 찍어 둔다.

2) 응급처치 트레이닝

응급처치는 사고가 난 상태에서 병원에 가기 전까지 신속하게 대처하는 방법을 말한다. 그러기 위해서는 미리 다치지 않게 예방할 수 있는 준비가 되어야 하고, 도로에서 교통법규를 준수하고 안전사항을 지켜야 안전하게 자전거를 탈 수가 있다. 자전거에서 넘어지게 되면 부상을 당하기 때문에 간단하고 빠르게 조치할 수 있는 구급함을 휴대하고 다녀야 한다.

사고 예방을 위한 기본적인 R.I.C.E 원리

자전거를 타면서 부상당하게 되면 기본적인 응급 처치 방법의 원리가 있다. 부상당한 후 24시간 이내에 가볍게 치료를 할 수 있는 요령을 알면 평소에도 요긴하게 쓰일 수 있다.

- 안정을 취하라(Rest)

사고를 당하게 되면 상처 부위가 붓고 멍이 들게 된다. 이럴 때 움직이게 되면 상처가 더 악화될 수 있기 때문에 부상자는 우선 안정을 취하며 상처 부위에 휴식을 취해 주어야 한다.

- 얼음찜질을 하라(Ice)

얼음찜질을 의미하는데 상처부위에 열이 나고 붓기 때문에 혈관이 수축시켜 더 이상 붓지 않도록 혈액량을 줄여주는 방법으로 얼음찜질을 한다. 24시간 정도 하고 시간이 지나면서 찜질 시간을 줄여준다.

- 압박을 하라(Compression)

상처부위에 붓기를 막는 방법으로 냉찜질을 하고 나서 붕대로 감아준다. 이때 너무 세게 감아주면 오히려 역효과가 나기에 통증의 상태에 따라서 감아준다.

- 높여줘라(Elevation)

상처 부위를 심장보다 높은 위치에 놓는 것을 거상이라고 하는데 상처 부위의 피들이 정상적으로 순환할 수 있도록 도와준다. 팔은 삼각건이나 비상시 옷을 이용하고 발은 베개나 가방을 이용하는 방법이다.

휴대용 응급처치 장비

* 휴대용 응급처치 장비의 장점

- 간편히 휴대할 수 있다.
- 미리 준비할 수 있다.
- 빠르게 상처를 치료할 수 있다.

* 삼각건과 두건을 이용한 응급처치 예

삼각건으로 머리 감기

두건으로 머리 감기

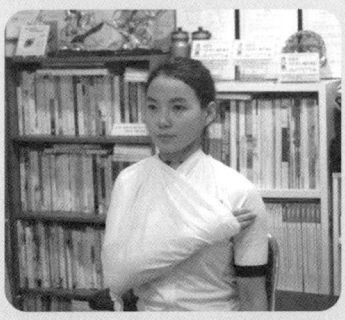

삼각건으로 어깨 걸대 만들기

바람막이로 어깨 걸대 만들기

2) 비상용 대체용품

(1) 두건

두건은 땀을 흡수시켜주는 역할을 하고 머리에 부상 당했을 때 삼각건 대용으로도 사용할 수 있어 하나 정도 휴대하고 있는 것도 좋다.

(2) 바람막이

바람막이 재킷은 보온을 할 수 있는 장점도 있지만 자전거에서 넘어져서 쇄골이 부러졌을 때 삼각건 대용으로 사용할 수 있기에 요긴하게 사용된다.

(3) 일회용 휴지

휴지는 야외에서 급하게 화장실 갈 때도 사용되지만 상처 부위의 출혈을 억제하기 위해 덧댈 수 있는 드레싱 역할을 해준다. 거즈가 없다면 임시방편으로 사용할 수 있다.

(4) 발목 밴드

발목 밴드는 일상생활에서 가볍게 자전거를 탈 때 바지에 기름때가 묻지 않도록 사용하지만 사고 시 상처 부위를 압박하거나 고정할 때도 요긴하게 쓰인다.

(5) 붕대

드레싱으로 안정시켜주고 붕대로 상처 부위를 부목으로 고정하거나 출혈을 억제하고 부상 부위를 고정해 붓기를 감소시키는 역할이다.

(6) 스프레이 파스

타박상과 근육통에 빠른 회복을 위해서 상처 부위에 뿌려준다. 되도록 아이스 효과가 있는 것으로 구입해준다.

(7) 얼음물

운동 중 가장 많이 섭취하는 것이 물이다. 물은 목마르기 전에 미리 섭취해야 한다. 얼음물은 목이 마를 때 효과가 있고 근육통에도 바로 마사지하게 되면 효과도 빠르게 나타난다.

(8) 휴대용 응급처치 킷트

동호회에서는 필수적으로 야외에서 자전거를 탈 때 휴대용 응급 처치 장비에 대해서 구비되어야 한다. 팀에서 공용으로 한 개 정도 가지고 있어야 하고 개인적(각 조마다)으로 한 개 정도는 휴대하고 있어야 사고를 당했을 때 미리 조치를 할 수 있다.

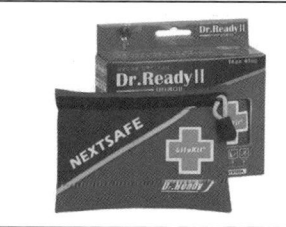
자전거용

팀 용

물품 구성

1. **외상 패드:** 출혈이 많은 경우 지혈로 사용
2. **비접착 패드:** 작은 상처에 사용
3. **멸균거즈:** 흡수 및 상처보호
4. **방수밴드:** 습기나 물로부터 상처보호
5. **손가락밴드:** 손가락 상처보호에 사용
6. **관절 밴드:** 관절 부위에 상처보호
7. **아이스팩:** 상처 부위에 냉각으로 사용
8. **멸균 물티슈:** 상처 세정 및 2차 감염예방
9. **알코올 스왑:** 오염된 부위에 상처 소독

* 참조(넥스트 세이프 https://www.first-aid.co.kr/)

부록 1. 자전거 명사 초청

1. 자전거에 미친 자의 최후는?
2. 차백성의 자전거 여행 이야기
3. e바이크 스토리
4. 나의 자전거 사랑 이야기
5. 기후위기시대 자전거 도시를 꿈꾸며

1. 자전거에 미친 자의 최후는?

뽈樂 김태진

자전거 애호가
tjbike@hanmail.net

1. 자전거와의 인연

　일반적인 사내아이들은 어릴 적 자전거 타기를 기억한다. 아쉽게도 나에게는 자전거와의 전투적인 인연은 없다. 여학생을 뒷자리에 태우고 달린 로맨스도 없다. 결혼식 웨딩마치와 함께 회사의 부도 소식을 들었다. 신랑의 체면을 살리고 당장의 민생고를 해결하기 위해 들어간 곳이 경남 창원에 있는 "코렉스 스포츠"라는 자전거 공장이다. 소나기를 피해 들어간 동굴이 평생의 보금자리가 되고 그 자전거가 나의 인생 스토리가 될 줄이야.

　그때가 1987년 가을이다. 연간 120만 대를 생산하는 동양 최대의 자전거 공장은 일만 평의 넓은 부지에 800여 명의 많은 사원이 근무하고 있었지만, 조경 전공은 쓸모가 없어서 처음부터 새로 시작해야 했다. 이후 생산관리, 노무관리, 자재관리, 품질관리, 공장

혁신팀 등의 부서를 7년 동안 섭렵하면서 나름 공장의 관리자로 성장할 수 있는 계기가 되었다. 하지만 멀쩡한 아내를 주말 과부로 만드는 손맛에 미친 낚시꾼이기도 했다. 유독 뽈락 낚시에 도통하여 결국 매물도 출조 시에 쎈 발음의 "뽈락"이란 별명을 얻게 되었다.

그러던 중 1994년 서울 영업 본사로 발령이 나면서 새로운 인생이 시작된다. 아니 "새로 시작하기로 작정했다. 먼저 낚시대와 릴을 버렸다. 이제는 자전거 판매와 마케팅을 총괄하는 영업 기획팀장으로서 자전거의 장점 그중에서도 코렉스 자전거의 강점을 부각시키고 전파해야 했다. 그러기 위해서는 자전거 관련 서적이나 잡지를 구독하고 타사의 히트 상품 등의 정보도 수집해야 했다.

모든 문제는 현장에서 발생하듯이 해결점 또한 현장에서 발견할 수 있다. 현장을 맞닥뜨리기 위한 자전거가 필요했다. 마침 출시된 프리미엄 브랜드 "프로 코렉스"의 최고급 카본 파이버 컴포지트 9000을 연구소에서 무상으로 임대했다(당시 가격이 350만 원이라 만약 구입하면 바로 이혼감이다). 토요일 오후나 일요일이면 용마산 험로를 미친 듯이 내달리기도 하면서 약수터에서 MTB 동호인들과 인사를 나눴다.

한강 둔치 자전거길에 나가 쉼터에서 자전거 마니아들과 안면을 트면서 현재 타고 있는 자전거의 좋은 점이나 개선점 등의 충고도 귀에 담았다.

이렇게 한 6개월 정도 반강제로 자전거와 합방? 하다 보니 타는 것도 재미있고 건강도 좋아짐을 느낄 수 있었다. 사내에도 자전거 동호회를 만들어 들로 산으로 누비면서 체력과 연대감을 다졌다.

마침 "프로 코렉스"의 카탈로그를 처음으로 기획하면서 많은 것들을 알게 되었다. 예를 들면 프레임 지오메트리, 첨단 소재, 카본 화이바의 특성, 시마노 컴포넌트의 구성, 부품별 유명 메이커 등이다. 아울러 전국에서 최초로 개최된 코렉스배 MTB 대회의 주최 업무도 맡으면서 연맹, 협회 등의 주관사 시스템 경험도 하고 전국에 있는 프로샵과 동호회와도 활발하고 친밀한 교류도 가질 수 있었다.

2. 사원에서 대표가 되어

한때 동양 최대의 자전거 회사였지만 1987년, 6·29선언으로 인건비는 급상승하면서 생산성은 악화 일로에 빠지던 중 급기야 1992년에는 미국 합작 회사와 결별하게 되고 수출은 점점 감소하여 회사 경영 상태는 악화되어 갔다. 1995년, 창동 이마트의 설립을 시작으로 국내 유통구조의 변화와 저가 중국산 자전거의 유입 등, 불리한 외부 환경은 판매 저조 및 수익성 악화로 결국 1999년 회사는 부도가 났다.

그러나 협력 업체의 협조로 공장 라인은 멈추지 않았으나 사기를 잃은 800여 명의 직원은 한 명 두 명 회사를 떠났고 일부 남은 임직원들은 경북 상주에 공장을 짓고 재기를 다짐한다. 다시 한번 MADE IN KOREA의 저력을 보여주자는 것이었다. 그때 이미 국내에는 더 이상 자전거 공장은 없었다. 막상 새 보금자리에 둥지를 틀었지만 다들 앞은 깜깜했다. 특히 아무도 선 듯 지휘봉을 잡으려 하지 않았다.

그때 남들에게 밀려 대표의 자리를 맡게 되었다. 공장의 생산 시스템을 알고 있고 지금은 영업 본부장을 맡고 있다는 이유에서다. 딱 1년만 한다는 조건으로 승낙했지만, 그 1년은 매년 1년만으로 계속되었다. 하지만 야심 차게 시작한 지방 농공단지에서의 생산은 딱 1년 만에 손을 들 수밖에 없었다. 농촌 일손도 부족한데 공장에 와서 엄격한 라인 작업을 할 수 있는 인력을 구할 수가 없었다. 이러한 환경에서 생산성이나 품질을 따지는 것은 사치였다. 결국 국내 생산을 포기하고 중국으로 가야만 했다.

세계의 공장, 전 세계의 자전거 생산기지인 중국은 문화와 사고방식이 다르다 보니 야생마와 마주한 기분이었다. 그래도 마침 천진에 있는 조선족 사장이 하는 공장과 연결이 되었다. 신규 공장에 우리의 엔지니어, 디자이너 등을 상시 파견하여 생산 노하우와 품질 관리 기법을 전수했다. 또한 주변에 있는 조그만 협력 업체도 방문하여 원활한 부품 조달도 약속받기도 했다. 사장단을 한국에 초청하여 우리의 문화도 소개하기도 했다.

한편 국내에 있는 전국의 코렉스 대리점의 협조로 판매는 호조를 보이기 시작했다. 직원들도 자신감을 회복하고 아픈 상처는 아물고 있었다. 그러나 소비자나 일선 대리점에서 원하는 자전거를 엔지니어나 디자이너들이 잘 이해하지 못하는 일이 많았다. 서로의 입장 차를 줄이기 위해 나는 대표로서 교통정리를 해주는 역할을 했다. 그러기 위해서는 양쪽의 생각이나 애로 사항을 잘 알아야 한다.

자전거에 관한 책이나 카탈로그를 보면서 나름대로 공부하면서 시장이나 현장에 수시로 나가서 직접 체험하고 얘기를 들었다. 때로는 듣기 거북한 얘기도 있지만 이런 에피소드들은 나름의 내공으로 쌓이기 시작한다. 그러다 보니 자전거 타기는 자부심이 되고 대화는 즐겁고 재미를 느낀다. 탄탄한 회사로 자리 잡아가던 중 2008년 말, 성공적인 인수합병으로 직원들은 더욱 튼튼한 회사의 일원이 되고 나는 박수칠 때 떠날 수 있게 되었다.

3. 도쿄 사이클 디자인 전문학교의 생활

환갑을 앞둔 2016년 1월 일본으로 건너갔다. 나리타 공항에서 국제 미아가 될 뻔했다. 일본어 왕초보는 청각과 시각의 중증 장애인이다. 도쿄 나카노에 한국인이 경영하는 기숙사에 들어갔다. 일인용 2.5평짜리 숙소는 손바닥만 한 창문만 있는 여지없는 독실 감방이다. 하지만 침대, 책상, 욕조와 화장실 그리고 "무한 자유"가 있다. 열한 살 연하의 이사장은 나보고 선생님이라고 부른단다. 공부하러 온 학생보고 선생이라니…

휑한 천장과 벽에 일과표, 일본어 히라가나. 가타가나표, 일본열도 지도, 자전거 포스터 등으로 치장하니 신혼 방처럼 보인다. 특히 에어컨 방풍 구에 종이학을 달아 놓으니 흔들거리면서 살아 있는 척을 한다. 1년 3개월 과정의 일본어 학교를 졸업했다. 15Km 서리에 있는 하라주쿠의 아오야마 학원을 매일 자전거를 타고 통학했다. 덕분에 N2 계급장과 함께 우수상과 개근상을 받았다. 역시 본인이 번 돈으로 학교 다녀야 결석을 안 한다?

드디어 목표인 도쿄 사이클 디자인 전문학교에 입학했다. 학생들은 고등학교를 갓 졸업한 19살이다. 선생들도 젊음이 넘치고 패기가 있다. 대리점을 운영하거나 프레임 빌더로서 일하고 있는 현역들이다.

제일 나이 많은 무라야마 선생이 나와 동갑이다. 생일을 굳이 따져보니 내가 형이다. 하지만 나는 언제나 19살이고 새내기 학생이다. 제일 일찍 학교에 와서 조교와 함께 교실을 열고 들어 갔다.

나카노의 기숙사를 출발하여 도쿄의 번화가인 신주쿠를 거쳐 학교가 있는 시부야까지의 14km 자전거 통학은 즐겁기만 하다.

그러나 학교는 자전거 통학, 주차금지이다. 하루는 자전거를 불법 주차하여 견인까지 당한 적도 있다. 나중에 졸업할 때 장문의 건의서를 제출했다. 그 뒤 건의가 받아들여져서 지금은 통학도 할 수 있고 교내에 자전거 주차장도 만들어졌다고 한다.

 CAD로 도면을 그리고 그 지오메트리 대로 파이프를 커팅하고 오려서 프레임을 맞추어 용접한다. 까만 안경을 쓰고 산소 토치에 불을 붙이면 "쏴아" 하는 소리와 함께 파란 불꽃 혀가 춤을 춘다. 황동봉이 녹아 러그 틈새로 스며드는 모습은 황홀하다. 넘쳐 흐른 용접 찌꺼기를 줄을 사용하여 갈아 내기 시작한다. 손바닥에는 물집이 잡히고 등짝에는 땀이 흥건하다. 우연히 눈길이 마주친 후루하시 군이 미소를 보낸다. 힘들지만 기분이 좋다. 이것이 노동의 기쁨이자 신성함일 것이다.

 갓난아기처럼 헐벗은 프레임에 포크를 끼우고 옷을 입히듯 부품들을 하나씩 조립해 나간다. 허브와 림을 스포크와 니플로 서로 연결하여 굴렁쇠를 만들어 앞뒤에 배치한다. 완성된 녀석을 안고는 앞마당으로 나간다. 안장에 올라 핸들을 잡고 페달에 발을 올리니 앞으로 슬며시 나아간다. 생전 처음 내 손안에 있던 쇠뭉치가 살아 움직이는 순간이다. 엄마 뱃속에 있던 아기가 태어나는 것처럼 감동이다. 이게 바로 미라클이 아닐까!.

 하루 24시간, 일 년 365일 오로지 자전거와 함께한다. 학교 통학은 물론이고 방학 때는 홋카이도, 혼슈, 시코쿠, 큐슈 그리고 오키나와의 일본 열도를 종주했다. 미야모토 무사시처럼 혼자서 겁도 없이 달리고 또 달렸다. 졸업식이 끝나도 자전거 여행은 끝나지 않았다. 나의 자전거 '바다미'와 함께 우리 집으로 향한다. 도쿄를 떠나 일본 1번 국도를 따라 오사카에, 다시 2번 국도를 따라 시모노세키에 도착하여 부관훼리로 현해탄을 건너 부산에 도착한 후 계속 페달을 밟아 22일 만에 2,100km를 달려 그리운 우리 집에 도착했다. 비행기를 타면 2시간 정도면 올 수 있는데…

4. 자전거 박물관

不狂不扱! "미치지 않으면 미칠 수 없다". 아니 미치다 보니 어느새 고지가 보이기 시작한다. 이제 그동안 뽈락이 왜 미쳤는지? 그 미친 짓을 어떻게 보여 줄 것인지 고민할 때가 온 것 같다. 자전거 생활 30여 년 동안 틈틈이 모아온 미니어처와 액세서리들을 대충 가늠해 보니 2천여 점이 되는 것 같다.

처음에는 단순한 호기심으로 한 점 한 점 모았는데 세월이 지나니 의미도 더해지고 그냥 두기에는 얘네들에게도 미안하기도 하고 아깝다는 생각이 든다.

이제 은퇴해서 인생 2막의 진짜 생을 조금이나마 여유 있게 만들어 준 것도 따지고 보면 '자전거' 덕분이라는 생각이 든다. 아마 자전거라는 종교가 있다면 나는 매일 가서 큰 절을 해야 할 만큼 고마운 존재이다. 교회나 절에 가서 비는 것 이상으로. '자전거'의 위대함을 알리기 위해 박물관을 열어서 많은 이들이 공감, 실천했으면 한다. 특히 어린이들에겐 자전거는 꿈과 용기를 주는 마법의 친구임을 알리고 싶다.

왜? 작디작은 미니어처 박물관인가?

사실 실물 크기의 자전거로 구성하기에는 경제적, 공간적, 관리적 측면에서 개인이 감당 불가능이다. 그래서 생각해낸 것이 미니어처이다. 그리고 자전거는 거창하거나 거만한 아이템이 아니라 친근하고 소박한 이웃 아저씨 얼굴이다. 하여 주 고객은 초등학교 5학년이다. 그저 재미있고 즐거운 상상의 나래를 펼칠 수 있으면 되지 않을까!

자전거 역사, 경기, 일상생활, 교통, 환경, 명사들의 자전거 등의 주제를 미니어처나 우표, 액세서리 등으로 표현하고 어필하고자 한다. 아는 만큼 보인다고 했다. 또한 보이는 만큼 즐길 수 있다고 한다. 다양한 시각에서 자전거를 관찰하고 이해 함으로써 자전거에 대한 인식은 급호감으로 바뀔 것이며 어쩌면 우리의 운명도 바꾸어 놓을지도 모른다.

5. 앞으로의 자전거 활동

일단은 자전거 박물관 건립에 중점을 두고 장소를 답사 중에 있으며 뜻을 같이 하는 후원자도 물색 중이다. 또한 하드웨어적인 전시와 별도로 여러 가지 프로그램도 구상 중이다. 예를 들면 폐자전거 활용 작품 만들기, 초창기 자전거 미니어처 만들기 등이다. 또한 최신 유행 자전거 타기 체험도 해볼 계획이다.

자전거 여행도 계속할 것이다. 작년에 다녀온 77 국도 여행에 이어 올해에는 부산에서 고성까지의 7번 국도에 이어 민통선을 따라 임진각까지의 여행도 무사히 마쳤다.

얼마 전에는 "뽈락 선생의 자전거 우표 이야기" 책을 발간했다. 후속으로 그동안 자전거와 함께한 이야기를 책으로 엮어볼 계획이다. 가칭 "뽈락 선생의 자전거 잡(다한)썰"이란 제목으로 뽈락은 아직도 배가 고프고 할 일이 많다. 젊을 때부터의 버킷 리스트인 미국 횡단 여행도 가고 싶다. 특히 박물관에 전시할 물품들을 보완하기 위해 유럽도 바다미와 함께 갈 예정이다. 역사와 문화의 유럽에서 그곳의 자전거 박물관과 벼룩시장도 들러볼 것이다. 인생은 짧고 잔차 길은 길다! 뽈락은 게으르나 바다미는 바지런하다!

6. 뽈락의 약력

- 보면 볼수록(뽈) 즐거움(樂)이 넘치는 사람
- 젊은 날 자전거 회사에 들어가 자전거 업계에만 올인한, 한 우물 파기형 인간
- 한때 MTB 전도사로 "길이 아니라도 좋다"고 선전한 탈선 조장파
- 자전거에 환장하여 환갑의 나이에 일본으로 유학을 떠난 소신 행동파
- 홋카이도부터 오키나와까지의 일본 열도에 자전거 바퀴를 새겨 놓은 극일 여행가
- 미니어처, 배지, 포스터, 엽서, 엠블럼, 우표 등 자전거의 모든 것을 수집하는 열혈 만물상
- 하루라도 자전거 안장에 앉지 못하면 엉덩이에 가시가 돋아나고 한시라도 페달링을 멈추면 심장의 펌프질이 STOP 되는 특이 체질 외계인
- 자전거와 친하지 않은 부족과는 같이 숨쉬기도 힘들어하는 원시 토종 자전거족

2. 차백성의 자전거 여행 이야기

차백성
자전거 여행 전문가
herbaltop@hanmail.net

갈등의 벽을 넘어

　넥타이를 풀어버리고 세계 자전거 여행가의 길로 나선 지 20년이 넘었다.

　어릴 적 밤하늘의 별을 보며 빌었던 꿈을 실현하기 위해, 나이 오십 줄에 안정된 직장을 그만두기란 쉬운 결정이 아니었다. 그것도 대기업, 공개채용 1기로 입사하여 임원까지 올라간 직장에서!

　25년간 조직의 일원으로서 한가정의 가장으로서 앞만 보고 달려왔다. 노력한 만큼 성과도 있어 나름 남부럽지 않게 살고 있었지만, 잠 못 이루는 밤이 많았다.

　인생 사추기(思秋期)가 찾아온 것이다.

　'언제까지 직장에서 일만 하다가 죽을 수는 없다! 더 늦기 전에 하고 싶은 것 제대로 해보고 죽어야 하지 않나!' 하는 생각이 강박증처럼 다가와 이런 자문자답을 무수히 되풀이해보았다.

　지금 이 모습이 내가 진정으로 원했던 삶인가?

계속 이대로 언제까지 가야만 할까?

밤하늘 별똥별을 보며 빌었던 어린 시절의 꿈은 다 어디로 갔나?

꿈을 향한 도전

내가 청소년기에는 지금처럼 물자가 흔하지 않았음은 물론, 호구지책도 그리 녹록지 않을 때였다. 더구나 해외여행이란 극소수 특권층 외에는 먼 나라 사람들 이야기.

해외여행에 목말랐던 대중들에게 한 줄기 희망을 준 사람은 우리나라 배낭여행의 선구자 김찬삼 교수였다. 그의 여행기는 당시 힘든 현실의 카타르시스 역할을 톡톡히 해 주었다. 한없이 상상력을 키우던 나 역시 그의 여행기 애독자 중의 한 사람이었다. 밤새워 탐독했고 몇 장 되지도 않은 사진을 아쉬워하며 보고 또 보곤 했다.

여행기를 읽을 땐 그의 궤적을 지도에 짚으며 따라다녔다. 세계 지도라 해봐야 나라 이름에 대도시 몇 개 표시되는 지리책에 딸린 '지리부도'였다.

그럴 즈음 자전거가 생기는 큰 행운이 찾아왔다. 중학생 때, 이태원 사시던 이모님의 선물이었는데 친구분이 미국으로 이주하며 주고 간 것이었다. 너무나 기쁜 나머지 감사의 인사도 하는 둥 마는 둥, 뒤도 돌아보지 않고 돈암동 나의 집까지 달려왔고, 그날 밤은 거의 뜬눈으로 지새웠던 기억이 난다. 그때는 자전거 가진 학생이 전교에 몇 명 되지 않을 때였으니까.

이 자전거로 통학도 하고, 집에 와서도 공부보다 더 열심히(?) 자전거를 타고 돌아다녔다. 주말에는 영역을 넓혀 미아리 고개를 넘어 의정부, 광릉, 포천까지도 다녀오곤 했다.

지금처럼 자동차가 많지 않아 자전거 타기가 수월했고 비포장

구간이 많았지만, 흙먼지 뒤집어쓰는 것은 개의치 않았다. 그리고 집에 돌아와서는 자전거를 반짝반짝 닦는 것이 큰 즐거움이었다.

그러던 어느 날, 암실 구멍에 새어 들어오는 한줄기 광선처럼, 머릿속을 스치는 한 생각이 있었다. 혼자 무언가에 홀린 사람처럼 이렇게 되뇌어 보았다.

"김찬삼 교수가 여행했던 먼 미지의 나라들을 나는 자전거로 가보면 어떨까…" 이런 역마살 DNA는 오랜 기간 깊은 잠 속으로 빠져들었다. 그간 간직했던 소중한 꿈의 실현은 가진 것의 포기와 희생을 요구했다.

하나를 얻기 위해 하나를 버려야 함은 세상사의 자명한 이치. 평생직장을 그만두고 꿈을 실현하는 것이, 인생길에서 결코 뒤처지는 길이 아니라는 확신이 필요했다.

그러나 가장의 역할을 팽개치고 무책임하게 꿈만 좇을 순 없어 가족에게 심경을 솔직히 털어놓았다. 아내와 아이들의 반응이 의외로 놀라웠다.

"아빠가 우리에게 항상 꿈을 가지라고 하셨잖아요. 그러니까 아빠에게도 꿈이 있다면 지금이라도 그 꿈을 이뤄야 한다고 생각해요."

그 말에 용기를 얻어 사직서를 내고, 인생 후반전을 시작할 수 있었다.

미국 서부 해안 종주 3,000km에 도전장을 던지다!

왜 인간은 항상 어디론가 떠나고 싶어 할까? 변화를 추구하는 인간의 본능적 욕구는 익숙한 상사(常事)로부터 벗어나기를 갈망한다.

변화는 도전의 시작이다. 도전은 극복을 전제로 한다.

토인비의 말처럼 인생은 나이로 늙어가는 것이 아니라 도전의 결핍으로 사그라져 간다.

자전거 여행, 자유인의 또 다른 이름이다.

자전거 세계여행의 첫 목표로 미서부 해안 길을 택한 이유는 간단하다.

넓은 땅에서 좋아하는 바다를 원 없이 바라보며 마음껏 달리고 싶었기 때문이었다. 또 오랜 회사생활에 시달린 몸을 재충전하고 인내의 한계를 테스트해 보고 싶었다.

시애틀에서 3,000km를 달려 샌디에이고까지! 스스로 높은 목표를 설정해 30kg이 넘는 짐을 달고 하루 100km씩 한 달을 달려 목적지인 멕시코 국경에 우뚝 섰을 땐 세상을 다 얻은 기분이었다.

두 번째 미국 여행에서는 서부 개척의 역사, 그 뒤안길로 사라진 인디언의 흔적을 찾아가는 횡단 여행이었다. 몬태나주, 와이오밍주, 콜로라도주, 다코타 주를 품는 대평원은 황량한 길의 연속이었다. 하늘과 구름, 비, 눈, 빙하, 강, 산맥 등 변화무쌍한 자연 앞에 자전거는 일엽편주나 다름없다.

마지막 미국 여행은 남태평양의 진주 하와이 제도. 마우이섬에 있는 해발 3,055m 휴화산 할레아칼라 정상까지 올랐다가 내리쏘는 짜릿한 60km 다운 힐은 평생 잊지 못할 추억이 되었다.

하와이에서 우리가 꼭 기억해야만 하는 사탕수수밭- 망국의 한을 품고 떠난 첫 이민 선조의 흔적을 찾아보는 것은, 자전거 여행의 의미를 더해 주었다.

세 가지 테마로 세 번 달린 재팬로드 5,000km

여행은 떠남이다. 떠남의 궁극적인 형태는 죽음이다.

인간은 언젠가 모든 것을 두고 떠나야 하는 이 숙명의 굴레를 벗어날 수 없다.

　죽음 직전에 살아난 임사 체험자들은 한결같이 남을 배려하고, 작은 것에도 감사하는 마음으로 살아간다. 그것은 죽음을 긍정하면서 삶의 소중함을 절감했기 때문이다. 라틴어의 인생 경구, 카르페 디엠과 메멘토 모리(Carpe Diem & Memento Mori)와 상통한다. 여행은 죽음의 연습이되, 음울한 학습이 아닌 생을 긍정하는 자아 각성의 과정이다.

　어느 날 갑자기 일본 열도가 가라앉거나, 우리 7천만 동포가 일시에 이민을 떠나지 않는 한 일본은 우리의 숙명적 이웃이다. 아랍 속담에 '이웃도 서로 알아야 친해진다'라는 말이 있다. 우리와 같은 한자 문화권이고, 쌀밥도 된장국도 먹고 생김새도 우리와 비슷하다. 그래서 잘 아는 것 같지만 실은 여러 면에서 우리와 판이하게 다르다.

　일본을 여행할 때 '친구는 가까이, 적은 더 가까이'라는 말을 가슴에 품고 다녔다. 그러면서 왜 우리가 그들 밑에서 35년간 종살이를 했는지 그 이유를 찾아 두 바퀴를 굴렸다.

　규슈 남단 가고시마에 있는 시로야마라는 야트막한 산속 음산한 동굴을 찾았다. 정한론(征韓論)으로 무수히 많은 한국 사람 가슴에 못을 박은 사이고 다카모리가 최후를 맞은 곳이다. 착잡한 심정이었다.

　250년 막부 체제를 무너뜨리고 신정부를 세운 그가 아이러니하게도 다시 이 지역 사무라이들을 규합해 정부군과 맞서다 패퇴, 동굴 속에서 며칠 버티다 스스로 배를 갈랐다.

　시고쿠에서는 코보 다이시 스님의 행적을 따라 88 사찰 순례 길을 따라다녔고, 혼슈에서는 두 바퀴로 옛 조선통신사가 갔던 그 길 그대로를 달렸다.

북유럽 7개국 백야(白夜) 기행

인간은 시간과 공간의 지배를 받으며 살아간다.

주어진 시간 즉, 수명이라는 한계는 피 할 수 없지만 대체로 공평하게 주어진다. 하지만 공간은 의지 여하에 따라 크게 변한다. 똑같이 백 살을 산 사람일지라도 공간의 확장, 여행을 많이 한 사람은 그렇지 않은 사람과 삶의 질이 어찌 같을까!

북유럽 여정은 '백야 기행'이라는 테마로 북유럽 7개국을 두 달 남짓, 자전거 주행거리는 약 3500km였다. 시발점은 '발틱 3국' 중 가장 북쪽에 위치한 에스토니아 수도 탈린. 우리에겐 생소한 나라이지만 엄연히 EU 가입국으로 나름 찬란한 역사와 언어, 문화 전통을 간직해왔다. 세 나라는 지정학적으로 우리와 비슷해, 중세부터 주변 강대국의 외침에 끊임없이 시달려왔다.

결국, 2차 세계대전 때 구소련의 속국으로 전락, 세계 지도에서 사라졌다. 반세기가 흐른 1989년, 자유를 향한 간절한 염원으로 세 나라 국민은 손에 손을 맞잡은 인간 띠를 만들었다. 그 길이가 무려 650km! 탈린에서 라트비아 수도 리가를 거쳐 리투아니아 수도 빌뉴스까지 '발틱 웨이(Baltic Way)'라 불리는 전대미문의 퍼포먼스였다. 세계인에게 충격을 준 '자유를 향한 인간 띠'로 피 한 방울 흘리지 않고 독립을 얻어냈다.

비폭력 평화시위로 굴레를 벗은 발틱 3국, 나에게 깊은 울림을 주었다. 역사에 가정법 대입은 마땅치 않다지만, 그때 우크라이나도 소비에트 연방 해체 후 곧바로 EU에 가입했다면, 동맹의 보호 속에 지금과 같은 불행한 사태는 일어나지 않았을 것이다. 발틱 웨이를 주 루트로 정해 달린 이유는 단 한 가지, 인간의 감동은 어떤 무력보다도 강력하다는 것을 증명한 현장이기 때문이었다.

'발틱 웨이'의 종점인 빌뉴스에서 러시아로 넘어갔다.

영토 절반 정도가 아시아에 걸쳐있지만 분명 유럽 국가다. 한반도 북쪽으로 국경을 맞대고 있어, 우리 근현대사에 결정적 영향을 미쳤다. 한때 공산주의 종주국으로, 남침 배후로, 그간 우리와는 빙탄(氷炭) 관계였지만, 이제는 아니다.

그러나 아직은 '먼 나라', 그러기에 이번 여정에서 러시아는 예술과 정치는 명료하게 분리해야 한다고 생각했다.

내게 매력적으로 다가온 러시아는 대문호를 많이 키워낸 나라였다.

단적인 예로, 러시아 사람이 애석해하는 역사적 '세 사람의 죽음'이 있다. 54세로 죽은 러시아 근대화의 아버지 표트르 대제, 55세로 죽은 사회주의 혁명가 레닌, 그리고 39세로 죽은 천재 시인 푸시킨이다. 작가를 건국 군주나 국가를 개조한 혁명가와 같은 반열에 두다니요!

이들의 예술작품 사랑 또한 놀랍다.

세칭 '세계 3대 박물관'이라면 파리의 루브르박물관, 런던의 대영제국 박물관, 상트페테르부르크의 에르미타주 박물관을 꼽는다. 1941년 독일의 전격 침공으로 도시 존망이 걸린 화급한 시간에 시당국은 '에르미타주의 소장품을 어떻게 지키느냐'에 총력을 기울였다.

급히 도자기 공장 포장 전문가들을 불러 포장작업을 마치고, 기차로 우랄산맥 근처에 안전하게 대피시켰다. 주옥같은 인류 문화유산을 지키기 위한 박물관 직원의 처절한 사투는 제2차 세계 대전에서 '기적적인 작전' 중 하나로 친다. 이래서 러시아의 매력은 알면 알수록 더 빠져든다.

푸시킨과 작별하고 노르딕 국가(Nordic Countries) 중 첫 번째 나라, 핀란드를 찾았다. 핀란드는 제2차 세계 대전이 발발하기 직전 구소련의 침공을 받았다.

일명 겨울 전쟁(Winter War 1939. 12~1940. 3)이다. 핀란드의 치열한 저항을 예상 못한 러시아는 고전에 고전을 거듭했다. 대세의 흐름에 결국, 국권은 러시아로 넘어갔다. 러시아와 국경을 맞댄 나라는 이렇게 예외 없이 당하고 말았다.

최근 우크라이나 사태도 '겨울전쟁' 수순을 밟을 것 같아 걱정이지만 그때와는 사정이 다르다. 전 세계에서 정상국가라면 한 목소리로 러시아를 비난하고 있기 때문이다. 인간의 본성이 변하지 않듯, 한 국가도 마찬가지라는 점을 역사가 증명하고 있다.

숲과 호수가 많아 어딜 가나 쾌적하고 사람들이 정직하기로 잘 알려진 나라, 핀란드. 그래서 산타 할아버지가 핀란드 사람이 되었을까? 그 의문을 현지에서 풀어본다.

'북유럽 사람'하면 금발에 푸른 눈, 백옥 같은 피부를 연상하지만, 핀란드 사람은 예외다. 작은 눈에 검은 눈동자, 게다가 언어는 우리말과 같은 어족인 우랄 알타이 계통이기 때문에 한층 친근감을 느끼며 페달을 돌렸다.

헬싱키에서 민족 음악가 시벨리우스와 작별을 고하고 거대 유람선으로 발틱해를 건너 스웨덴으로 갔다. 국토는 북유럽에서 가장 크지만, 인구는 서울시보다 적다. 그러니 1인당 국토 향유 면적이 넓어 울창한 비림과 호수 등 자연환경이 잘 보존되고 야생이 살아 숨 쉰다. 스웨덴인은 은 자연뿐 아니라 문화적으로도 매력적 성취를 이루었다.

긴긴밤 극야(極夜) 덕분일까? 그들은 인류에게 하루도 없어서는 안 될, 발명품을 쏟아냈다. 다이너마이트의 노벨을 필두로 안전성냥, 지퍼, 진공청소기, 초고화질 카메라, 터보 엔진, 치과용 임플란트 등을 만든 수많은 발명가를 키워냈다.

몇 년 전, 경주 대릉원에 갔을 때 1926년 스웨덴 구스타프 왕세자가 경주 서봉총에 와서 신라 금관을 발굴했다는 기념비를 보고는 충격을 받은 적이 있다.

일제 치하에 왜 왔을까? 드디어 그 연유를 스웨덴의 옛 수도 웁살라에서 알아보았다. 흘러간 은막의 스타 잉그리드 버그만과 아바, 테니스와 골프의 전설 비욘 보그와 소렌스탐을 키워낸 땅, 스웨덴의 아려한 매혹에 두 바퀴 나그네는 셀레는 가슴을 안고 페달을 돌렸다.

이번 여정의 마무리는 모험가의 나라 노르웨이.

노르딕 3국 중 최북단에 자리한 노르웨이는 절승의 단애, 숨막히는 피요르, 우주의 커튼 오로라 등 자타가 공인하는 '자연의 왕국'이다.

자연환경만 멋진 것이 아니고 음악, 미술, 조각 등에서 뛰어난 예술가를 많이 배출했다. 문학 또한 빠지지 않는데 〈인형의 집〉을 쓴 입센을 비롯, 노벨 문학상 수상자를 세 명이나 배출했다.

〈솔베이지의 노래, Solveig's Song〉의 고향이자, 오래된 항구도시 베르겐을 유유자적 돌아보았다. 한자동맹 시절에 융성했던 자취는 물론, 북해산 고등어와 연어 시식도 여정의 일부로 당연 포함되었다. 이번 여행의 '하이라이트'인 프람 호(Fram 號) 박물관이 있는 오슬로 외곽 '비그뒤이(Bygey Peninsula)' 지역에서, 유년시절 내 꿈의 멘토이자 위대한 탐험가 3인방, 아문센, 헤이에르달, 난센을 만나 오랫동안 가슴에 묻어두었던 소회를 전하고, 긴 여정의 피날레를 장식했다.

'여행의 깊이는 운반수단 속도에 반비례한다'는 말이 있다.

느림의 미학 자전거는 북유럽 역사와 문화의 현장을 돌아보는데 더없이 적절한 도구였고, 소리 없이 다가온 백야는 든든한 원군(援軍)이었다. 밤 열 시가 넘도록 라이딩에 전혀 지장이 없었으니까!

차백성(車白星)

국내 1세대 라이더인 그에게는 '대기업 임원에서 자전거 여행가로 변신한 영원한 현역 인생'이란 수식어가 늘 따라다닌다.

어린 시절 품었던 자전거 세계여행의 꿈을 위해, 이른 나이에 회사를 떠나 33개국을 여행했고, 자전거 주행거리는 약 5만 km에 이른다. 매 여행마다 콘셉트를 잡아 자신만의 독특한 시각을 담아낸 '테마가 있는 여행기'는 타의 추종을 불허한다.

탄탄한 내공으로 인문학적 지식을 촘촘한 그물코처럼 엮은 그의 여행기는 실제 여행보다 더 재미있다. 그는 자전거 여행을 우리 삶의 축약판으로 규정하고, 뜨거운 열정으로 끊임없이 도전한다. 여행기마다 각계 인사들의 추천이 이어지며, 자전거와 인문학을 결합한 여행 작가로서의 그의 입지는 확고해졌다.

현재 〈아메리카로드〉, 〈재팬로드〉, 〈유럽로드〉, 〈자전거 백야기행〉 등 네 권의 단행본을 냈고 제5탄을 준비하고 있다.

1951년 출생. 인하공대 토목과를 졸업하고 육군 공병 중위로 군복무(학군 12기)를 마쳤다. 1976년 대우건설 공개채용 1기로 입사하여 수단, 나이지리아 등 북아프리카에서 10년의 세월을 보내고, 2000년 상무이사로 퇴임했다.

SERICEO 강사를 역임했고, 경찰대학 외래교수, 국제 P.E.N 클럽 한국본부 정회원으로 활동하고 있다. 다양한 매체에서 글과 강연을 통해 자신의 도전과 여행담을 나누고 있다.

3. e바이크 스토리

예민수
벨로스타 대표
yesu65@naver.com

　최근 e바이크는 전기자동차, 전동킥보드 등과 함께 차세대 개인 이동 수단으로 세계적인 주목을 받고 있다. 배터리와 모터 기술의 발달로 무게는 가벼워지고 주행거리는 늘어나며, 디자인은 더욱 세련되게 다듬어져 세계 자전거 시장과 기술 혁신을 이끌고 신개념 이동 수단으로 자리 잡고 있다. 하지만 아직도 많은 라이더가 '전기자전거는 무겁고 운동이 안 된다.', '값이 비싸고 관리가 어려우며 스쿠터와 별 차이가 없다'는 선입견을 가진 경우가 많다. 이 때문에 아직도 e바이크의 신세계를 경험해보지 않은 사람이 많다. e바이크를 타면 더 즐겁고 건강해지며, 더 안전하게 자유를 만끽할 수 있어 e바이크는 오래오래 건강하고 행복하게 사는 비결이다.

1) e바이크를 시작한 계기

1980년대 이후 우리나라는 급격한 경제 성장과 산업의 발달로 느림의 미학과 친숙했던 자전거를 한동안 잊고 살았다. 그런데 같은 시기에 유럽이나 일본, 중국에서는 자전거는 친환경 교통수단으로서 생활의 일부로 자리 잡았다.

느린 자전거는 빠른 자동차의 통행을 방해하고 자동차 산업의 발전을 방해하는 요소로 우리의 관심 속에서 멀어졌고, 국내 자전거 부품산업과 공장은 중국으로 넘어가면서 자전거는 운송 수단이 아니라 운동기구가 되어 버렸다.

필자의 첫 e바이크

필자의 첫 e바이크는 2009년 납배터리를 사용한 40kg으로 감당하기 힘든 스쿠터 수준이었지만 가족 몰래 새벽 라이딩을 나가던 설렘을 지금도 기억한다. 무거운 납배터리를 들어내고 무게는 반도 안 되고 용량은 두 배 이상 되는 초창기 리튬이온 배터리로 업그레이드하여 탔던 e바이크와의 첫 만남은 행복의 시작이었다.

2) e바이크에 관해 알아야 할 내용

바퀴는 인류 최고의 발명품으로 인류문명을 이끌어온 원동력이다. 인간의 한계인 공간을 초월하는 원동력인 바퀴가 수천 년 전에 발명되었고, 두 개의 바퀴를 결합한 초기의 자전거가 200년 전에 발명되어 이동의 혁명이 시작되었다. 200년 자전거 역사 속에 20세기에 등장한 변속기는 효율성을 증폭시킨 혁신적인 장치였지만, 인간의 힘을 효율적으로 변환시키는 장치일 뿐

라이딩에 라이더가 감당해야 하는 전체 에너지 양에는 변화가 없었다.

자전거의 200년 역사에서 가장 큰 변곡점은 21세기에 등장한 e바이크이다. e바이크는 자전거에 대한 부정적이고 힘든 기억을 지워버리고 라이딩 자체를 즐거움으로 변환시켜주는 혁신적인 발명품이다. e바이크는 이동 수단이라는 기본재료에 재미라는 조미료가 첨가된 인간을 위한 최상의 요리로, 한번 맛보면 실용성과 재미가 어우러진 감칠맛에 빠질 수밖에 없다.

우리나라에는 자전거를 운동기구라고 생각하는 사람들이 유난히 많다. 필자는 오랜 기간 수많은 라이더가 받았던 질문과 같은 질문을 받았다.

- e바이크가 운동이 되나?

이 질문에 필자는 이렇게 대답한다. 승마가 운동이 될까? 말이 달리지 사람이 달리는 것도 아닌데 승마가 운동이 될까, 안 될까? 라고 반문한다.

e바이크는 페달링 없이도 달리는 스쿠터로 오해하고 있는 사람들이 아직도 많다. 결론부터 이야기하자면 대부분의 나라들이 e바이크의 기준을 '모터가 단독으로 작동하지 않고 라이더의 페달링에 보조하는 PAS 방식'으로 선택하고 있다.

e바이크는 운동량을 라이더 마음대로 조절을 할 수 있다. 더 중요한 것은 e바이크는 운동기구가 아니라 운송 수단이지만 일반 자전거보다 더 좋은 운동기구가 될 수 있다는 것이다.

- e바이크는 달리면서 충전은 왜 못하나?

항상 듣는 질문에 이렇게 대답한다. 배고파서 바로 밥을 먹어야 하는데, 밥을 해서 급냉하고 해동해서 먹는 밥과 바로 지은

밥 중에 어떤 밥이 맛있고 효율적일까?

　달리면서 충전하는 것은 에너지 역학적으로 보면 밥을 해서 급랭과 해동을 거치는 어리석은 행위이다. 자전거의 페달로 체인을 돌리면 90% 이상의 효율이 나오는데, 페달에 의해 발전된 에너지를 다시 모터를 통해 구동하는 두 단계의 에너지 변환과정을 거치면 효율이 반 토막 나게 된다. 발전해서 충전하고 다시 모터를 돌리는 방식보다 고전적인 페달링으로 체인을 통해서 바퀴를 돌리는 것이 효율이 두 배는 좋다.

　실제로 국내에서 달리면서 충전하는 전기자전거가 선보인 적이 있었다. 내장된 배터리가 바닥나면 아무리 빨리 페달을 돌려도 출발이 안 되는 e바이크로 엄청난 투자를 했지만, 결과적으로 효율을 무시한 디자인 감성만으로는 성공하지 못하고 결국 사업을 접었다.

e바이크는 배터리 용량만 늘리면 어디든 갈 수 있다(미시령 사진)

　e바이크에서 나이와 자전거의 종류는 중요하지 않다. 나이에 의한 휴먼 엔진의 노화 문제는 과학의 힘과 배터리 용량으로 극복할 수 있다. 필자와 함께 미시령을 넘어 설악산까지 라이딩한

10여 명의 멤버는 20대부터 70대까지 다양한 연령대이었다. 나이와 체력의 장벽을 넘어 함께 장거리를 달릴 수 있었다. 체력이 모자란 만큼 배터리 용량을 늘리면 간단히 해결되는 문제라 나이는 장거리 라이딩에서 중요한 장애 요소가 아니었다.

일반 자전거는 체력의 한계에서 좌절하는 라이더가 많아 고가의 자전거가 베란다에서 빨래걸이로 둔갑한 사례를 주변에서 자주 볼 수 있지만, e바이크는 체력의 한계를 벗어나 더 멀리 갈 수 있어 베란다보다는 현관이나 복도에서 라이딩을 위해 스탠바이 되어 있는 것을 볼 수 있다. e바이크가 체력으로 인한 라이딩의 장벽을 허문 것이다.

배터리 성능은 좋아지고 모터는 중앙구동 방식으로 업그레이드되어 자주 달리다 보면 라이더의 다리도 자연스럽게 업그레이드된다. 모터의 부하를 줄이는 효율적인 케이던스 페달링의 즐거움을 알게 되면 같은 배터리 용량으로 주행거리는 고무줄처럼 계속 늘어나게 된다. 진정한 e바이크는 자전거의 특성을 벗어나지 않으면서도 라이더의 페달링을 기반으로 이를 가볍게 도와주는 편리한 이동 수단이다.

-e바이크가 점점 가벼워지기 시작한다.

2018년 3월, 우리나라에서도 e바이크가 법적으로 자전거 속으로 들어갔다. 페달을 밟아서 작동되고 350W 이하의 모터에 전체 중량 30kg 이하로 인증된 e바이크는 자전거도로 통행이 가능하고 자전거 지위를 누릴 수 있어 자전거 도로 통행과 자전거 보험이 적용된다. (2022.12.1. 500W까지 인증)

초보 e바이크 라이더는 전기가 도와주는데 무게가 좀 무거워도 상관없다고 덕지덕지 달아서 무게를 늘리다가 시간이 지나면 하나씩 떼어내서 가볍게 만들게 된다. 무게는 가벼워지고 용량은 늘어난 고성능 배터리와 효율 좋은 모터에 가벼운 고성능 부품으로 만든 가벼운 자전거로 만든 e바이크라야 페달링의 묘미를 느낄 수 있다.

모든 자전거는 일단 가볍고 봐야 한다. 가벼워야 페달링도 잘 되고 효율적인 운행이 가능하고 자전거도로가 순탄하지만은 않아 자전거를 들거나 전기 없이 타야 할 일이 생길 수도 있기 때문에 지나치게 무거운 e바이크는 피해야 한다. 경험이 많고 오래된 e바이크 라이더일수록 점점 가볍고 구름성이 좋은 e바이크를 선호한다.

가볍고 구름성 좋은 e바이크를 만들어보자!(벨로스타 U22)

가볍고 구름성이 좋은 국산 e미니벨로 개발을 위해서 개발자의 입장이 아닌 소비자의 목소리를 많이 들었다. 그동안 우리나라에서 판매된 e바이크 중 90%는 e미니벨로이다. 아파트에서 생활하는 사람이 대부분이라 고가의 e바이크 보관 문제가 가장 큰 요인이었을 것이다. 내구성과 성능이 검증된 다혼 미니벨로를 베이스로 라이더가 원하는 e미니벨로를 만들었다.

미니벨로에 라이더가 편한 할리우드 페달링을 할 때 체중은 90% 이상 안장에 실린다. 안락한 라이딩을 위해 미니벨로에서는 보기 드물게 앞뒤 에어서스펜션을 선택했다. 법의 테두리 안에서 지킬 것은 지켜 자전거의 지위를 누리며 안전하고 일반 자전거처럼 편하게 탈 수 있고, 라이더의 페달링과 모터의 적절한 조화로 작고 가볍게 구름성 좋은 부품 구성으로 멀리 갈 수 있도록 만들었다.

e바이크도 구동계에 고가의 부품을 사용해서 구름성 좋고 가볍게 만들면 모터와 배터리 도움 없이 페달링만으로도 라이딩할 수 있다. 실제로 한번 충전해서 주행거리 신기록 수준으로 자신의 라이딩 기록을 올리는 라이더들이 많아졌다.

스마트 태그를 이용한 위치추적으로 도난 방지에 특화된 안심보관이 가능하고, 앞뒤에 에어서스펜션 장착으로 승차감을 살리고 좋은 구름성능을 유지하고 총중량은 19kg대의 국산 e미니벨로를 만들기 위해서 많은 투자를 해야 했다.

덕분에 U22는 양산 e바이크 중에 페달링이 잘 되는 가벼운 고급 e미니벨로로 국내에서 자리매김하였다. 전기 도움 없이도 충분히 자력 라이딩이 가능해 라이더의 페달링 의지에 따라서 378Wh급 소용량 배터리로 라이더의 페달링에 따라서 100km 이상 라이딩도 가능하다.

e바이크는 무거워도 된다는 이야기는 정말로 가볍고 잘 달리는 e바이크를 경험해보지 못한 라이더의 입에서 나오는 소리다. 타고 다니는 e바이크를 보면 연륜을 알 수 있다. e바이크를 오래 탄 지인들을 보면 초기 e바이크 대비 점점 가벼워지고 있다는 것을 볼 수 있다. 가벼운 자전거가 효율적인 페달링을 끌어낼 수 있기 때문이다.

3) 전국 지자체 전기자전거 지원금

전 세계적으로 유럽을 중심으로 e바이크 지원금을 주는 나라들이 많아지고 있다. 국내에서도 법이 제정되고 e바이크 구매 시 지원금을 주는 지자체가 늘어나고 있다. 각 지자체에서 30만 원을 한도로 추첨을 통해서 지원금을 나눠주고 있는데 최소 10:1이 넘는 경쟁을 해야 한다.

지자체 중에는 가장 먼저 e바이크 구입 지원을 시작한 곳이 세종시이다. 서울은 강동구, 서대문구, 양천구, 경기도 과천시, 대전광역시 동구, 서구, 대구 달성군, 청주시, 원주시, 광주광역시 남구, 제주도에서 해당 지역에 일정 기간 거주한 자는 신청할 수 있다(2022년 5월 기준).

우리 정부도 친환경적이고 안전한 이동 수단인 e바이크 사용과 보급을 위해 제품 구매 시 보조금을 지원하고, e바이크를 교통수단으로 이용하는데 불편이 없도록 전폭적인 제도적 지원과 자전거 인프라 구축에 적극적으로 투자해야 할 때가 왔다.

2022년 기준 우리나라 전기자동차 1대에 지원하는 예산은 900만 원~1,200만 원인데, e바이크는 평균 30만 원으로 전기자동차 1대 보조금으로 e바이크 30대 이상을 지원할 수 있는 실정이다.

같은 거리를 운행할 때 e바이크는 휘발유 승용차 대비 1%, 전기차 대비 약 5%의 에너지를 소비하는 지구상에서 가장 친환경적인 이동 수단이 e바이크이다. 어디를 지원해야 친환경적이고 탄소배출을 줄이며 국민건강까지 챙길 수 있는지 답은 이미 나와 있다.

국내 기업들은 전 세계적으로 경쟁력을 갖추고 검증된 리튬이온 배터리 제조 기술을 가지고 있다. 안정적인 배터리 인프라와 IT기술, 모터와 제어 기술을 이미 보유하고 있어 e바이크는 산업적으로도 발전 가능성이 높다. 가장 시급한 것은 중국이나 유럽처럼 국가적인 차원에서 관련 산업을 지원하고 자전거 인프라에 투자하는 것이다.

전 국민의 27%가 자전거를 교통수단으로 사용하는 네덜란드는 자전거도로와 시설 개선, 주차시설 등의 자전거 인프라 구축과 자전거 정책에 매년 5억 유로를 투자한다. 덕분에 국민이 자전거를 타면서 자연스럽게 얻어지는 건강 혜택을 경제적으로 환산하면 190억 유로라고 한다. (2015년 자료)

장기적으로 보면 국가적인 차원에서 자전거 정책에 대한 투자는 전 국민에게 고르게 혜택이 돌아가는, 충분히 예측 가능한 결과의 확실한 투자다.

단순히 에너지 절약뿐만 아니라 국민 건강을 지키고 바이러스에서 안전한 교통수단으로도 활용 가능하다면 e바이크 보급을 위해 이제는 정부 차원에서 팔 걷고 나서야 할 때가 되었다.

4) 앞으로의 목표

납배터리 전기자전거로 시작해서 2021년 기준 국내 시장점유

율이 0.1%대에서 10여 년 만에 10%대의 시장에 도달했다.

인류가 자전거를 발명한 200년 동안 큰 틀의 변화는 없었다. 지금부터 200년 뒤에도 자전거 자체는 큰 변화가 없을 것이다. 200년 자전거 역사에서 가장 큰 변화는 체인, 변속기 다음으로 모터와 배터리가 장착된 e바이크의 등장이다.

자전거의 사용 목적이 운동이 아니라 효율적인 단거리 이동 수단이라면 교통수단 중 e바이크의 비중은 비약적으로 늘어나고 배터리 무게는 점점 가벼워지며 효율은 높아지게 될 것이다.

머지않아 e바이크는 미래의 에너지 대란에 가장 친환경적인 효율적인 단거리 이동 수단으로 확실한 자리매김을 하게 될 것이다. 일례로 전 세계 여러 나라와 도시에서 내연기관 오토바이의 등록을 제한하기 시작했다. 그 빈 자리를 e바이크와 e스쿠터가 채우게 될 것이다.

본인의 다릿심만 믿고 무리해서 자전거를 타는 것보다는 e바이크로 체력의 안배를 적절히 해서 무리하지 않게 자전거를 타면서 좀 더 자주, 멀리, 편하게 라이딩하다 보면 건강과 장수를 함께 누릴 수 있다.

건강과 경제는 물론 환경까지 지켜주는 가장 좋은 수단이 우리 손에 잡히는 곳까지 와있는 e바이크로 머지않아 자전거의 30% 이상을 e바이크가 차지할 것이다.

e바이크는 더 이상 외계에서 온 탈것이 아니다. 자전거에 변속기가 달리듯이 모터와 배터리가 장착되어 편한 라이딩을 선사하는 자전거의 한 종류일 뿐이다.

세상에는 두 부류의 라이더가 있다.

"자전거를 타는 행복한 라이더와, e바이크를 타는 더 행복한 라이더."

4. 나의 자전거 사랑 이야기

윤제용
서울대학교 화학생물공학부 교수
jeyong@snu.ac.kr

"2024년 7월, 바이크 매거진에서 자전거시민포럼 공동대표로 '자전거 친화 도시를 위한 변화'를 주제로 인터뷰했습니다. 바이크 매거진의 양해를 얻어 이를 바탕으로, 제 자전거 이야기를 확장해 재구성한 글임을 밝힙니다."

1) 놀이에서 시작한 자전거 타기

어릴 적 누구나 한 번쯤 자전거를 타 보았듯이 나도 그렇게 시작했다. 초등학교 시절에 어른들이 타는 큰 자전거를 타 본 기억이 난다. 다리가 닿지도 않는 상태에서 안장에 엉덩이를 올리지도 않고 묘기를 부리듯이 탔던 것 같다. 넘어질 위험을 감수할 만큼 자전거 타는 것이 재미있었지만, 자전거보다 축구, 야구, 철봉 등과 같은 더 재미있는 놀이가 많았기 때문에 자전거가 내게 가장 재미있는 놀이라는 생각은 들지 않았다. 그러다가 50대까지도 특별히 자전거를 탈 기회가 없었다.

2) 놀이에서 레저로

아내와 주말에 집 근처의 산을 운동 삼아 가끔 가곤 했다. 그러다 아내가 무릎에 좋지 않다며 산행을 그만두겠다고 했다. 의사의 조언에 따르면 함께할 수 있는 운동은 두 가지뿐이었다. 하나는 수영이고, 다른 하나는 자전거였다. 수영에는 전혀 재주가 없어 맥주병 같았기 때문에 자연스럽게 자전거를 선택할 수밖에 없었다. 물론 내가 수영을 배우려고 하지 않은 것은 아니었다. 이른 아침 수영 강습도 나가면서 노력(?)했지만 영 실력이 늘지 않아 흥미를 잃고 말았다. 결국은 대안으로 자전거를 타 보기로 했다. 처음부터 큰 자전거를 타다가 다칠 수도 있을 것 같아 주변의 조언을 듣고 넘어질 것 같으면 다리로 설 수 있는 접이형 자전거를 구입하였다. 가성비 좋은 다혼을 구입하여 차에 싣고 사람들 적고 자전거 전용도로가 있는 좋은 곳을 찾아 주말마다 라이딩을 즐겼다.

3) MTB로 국토 종주를

자전거에 익숙해지면서 처음에는 힘들고 느린 접이식 자전거를 타다가 자연스럽게 MTB(산악형 자전거)로 옮겨갔다. 물론 산에서 자전거를 탈 목적으로 MTB를 구입한 것은 아니었다. MTB는 비록 자전거 도로 상태가 완벽하지 않더라도 안정성 덕분에 만족도가 높았다.

그동안 자전거를 탈 때는 안전을 최우선으로 생각했지만, 가끔 아내가 넘어지는 바람에 우리 부부의 자전거 취미가 위기를 맞기도 했다. 본격적으로 MTB 라이딩을 즐기면서 주말마다 4대강 코스를 달리거나 제주도, 오천길, 동해안 등지로 나갔다. 체력이 뛰어나지 않아 한 번에 장거리 종주를 하는 것은 어려웠지만, 자동차에 자전거를 싣고 인증 지점에서 한두 구간씩 나누어 달리는 방식은 소소한 재미를 선사했다. 각종 종주길 수첩에 도장을 찍는 것은 하나의 목표를 달성하는 기분을 주어 큰 기쁨을 안겨주었다. 매주 금요일, 주말 라이딩 계획을 세우는 기대감에 들떠 있었고 결국 자전거 그랜드 슬램도 완수하게 되었다. 학술상이나 정부에서 주어지는 상들보다, 내가 직접 돈을 지불하고 얻은 그랜드 슬램 메달이 더욱 대견하고 자랑스러웠다. 재미 삼아 다닌 것이어서 솔직히 몇몇 구간은 실격 처리될 만한 부분이 있었다는 점을 고백해야겠다.

4) 드디어 로드 자전거에 데뷔하다

천호자전거 사거리에서 자전거 강습 팻말을 보고 '자전거는 그냥 타면 되지'라고 생각했지만, 호기심에 자전거 아카데미에 등록했다. 자전거 타는 법, 안전 조치, 간단한 수리 방법을 배우며 보다 체계적인 자전거 교육의 필요성을 깨달았다. 이를 계기로 로드 자전거를 시작하게 되었고, 전문적으로 타는 사람들과의 교류도 큰 즐거움이었다.

이후 대회에도 참가하며 우리나라의 유명한 자전거 길을 다녔다. 자전거 투어 프로그램에도 참여하게 되었는데 그란폰도는 내 수준에 어렵고 인제 메디안폰도, DMZ 메디안폰도 같은 대회를 통해 국토에 대한 이해도 높아지고, 자연과 맛집을 즐기며 스트레스도 해소할 수 있었다. 라이딩을 통해 체력과 균형 감각이 좋아졌고, 아내와 함께 즐길 수 있다는 점도 큰 행복이었다. 접이형 사이클링에서 시작해 자전거 대회까지, 자전거 하나로 삶의 질이 점점 높아짐을 느꼈다. 최근에는 가볍게 도심 라이딩을 즐기기 위해 폴딩바이크 브롬톤을 장만해 볼일도 보고 틈틈히 자전거를 즐긴다.

5) 자전거 분야 사회공헌에 관심을 갖다

나는 서울대 공과대학 교수로 환경 분야를 연구하다 보니 자연스럽게 물과 한강에 관심을 갖게 되었다. 특히 자전거를 타면서 부담 없이 한강과 같은 인프라를 즐길 수 있다는 점이 매력적으로 다가왔다. 자전거는 경제적 여건과 관계없이 한 대만 있으면 한강 자전거 도로를 비롯해 전국의 하천 도로를 자유롭게 이용할 수 있다. 때로는 이런 환경 덕분에 마치 억만장자가 된 듯한 기분이 들기도 한다. 자전거가 일상 속에서 더 활발히 이용되면 사회 전체가 더욱 건강하고 행복하여 지리라는 것이 소박한 나의 생각이다. 레저와 운동뿐만 아니라 출퇴근, 통학, 병원 방문, 장보기 등 다양한 생활 속 이동수단으로 자리 잡으면 좋겠다. 자전거를 타고 카페에서 지인을 만나는 일도 자연스러워진다면 더욱 즐거울 것이다. 그러나 자전거를 타면서 접하는 교통사고 소식은 안전한 자전거 친화 도시의 필요성을 절실히 느끼게 한다. 자전거가 활성화되면 건강 증진과 스트레스 해소뿐만 아니라, 대기오염 저감과 탄소중립에도 이바지할 수 있다. 유럽의 여러 도시는 도로 인프라를 개혁해 자전거 친화적인 환경으로 변화하고 있으며, 우리나라도 이러한 변화를 적극적으로 수용할 필요가 있다. 따라서 지속 가능한 사회를 위해 자전거 활성화 정책이 꼭 필요하다고 생각한다.

6) 자전거 시민포럼을 결성하다

2019년부터 2021년까지 국책기관인 환경연구원 기관장을 맡으며 탄소중립 정책을 수행하는 과정에서, 자전거가 수송 분야의 탄소 감축에 중요한 역할을 할 수 있음을 깨달았다.

기후위기와 탄소중립이 핵심정책 과제로 떠오르면서, 자연스럽게 '자전거 친화 도시'의 필요성을 고민하게 되었고, 이를 정책적으로 발전시키는 것이 효과적인 탄소 감축 방안이라고 생각했다. 이 과정에서 국내 자전거 단체와 전문가들의 의견을 수렴하면서, 자전거 친화 도시 정책을 지속적으로 연구·추진할 싱크탱크의 필요성을 느꼈다. 이에 관련된 많은 분과 협의하여 (재)숲과나눔 자전거 시민포럼을 조직하여, 자전거 친화 도시 실현을 본격적으로 모색하게 되었다.

7) 기후변화 1.5℃와 같이 자전거 친화 도시 1010으로

 자전거 친화도시에 대해 공부하면서 도시 설계 전문가, 자전거 정책 전문가, 국회의원, 지자체 관계자, 자전거 단체 활동가 등 다양한 사람들과 의견을 나누었다.

 그러나 각자의 전문성과 경험, 그리고 관점이 다르다 보니, 공통된 목표를 설정하는 것이 무엇보다 중요하다는 것을 깨달았다. 기후위기 대응을 위한 '1.5℃ 이내 유지'라는 목표가 전 세계 80억 인구를 하나로 묶고 파리기후변화협약으로 구체화된 것처럼, 자전거 친화 도시에도 명확한 목표와 전략, 우선순위, 그리고 사회적 합의가 필요했다. 현실을 돌아다 보면 국내 자전거 이용자가 1,500만 명에 달함에도 이를 사회적 변화의 동력으로 충분히 활용하지 못하고 있다는 점이 아쉬웠다.
 자전거 친화 도시를 실현하기 위해서는 많은 사람이 공감할 수 있는 목표를 설정하고, 이를 정책적으로 구체화하는 것이 중요하다고 생각했다. 시민사회의 요구가 정부 정책 담당자와 국회의원들에게 전달되어 법과 제도로 반영된다면 더욱 효과적인 변화를 끌어낼 수 있을 것으로 판단했다. 이에 자전거 시민포럼에서 '자전거 친화 도시 1010' 개념을 만들었다. 누구나 쉽게 공감하고 기억할 수 있는 목표가 필요하다고 보았기 때문이다. 먼저 1010은 자전거의 두 바퀴를 연상시켜 친근하다. '1010'에서 앞의 10은 10분 내 이동 가능한 도시 환경을 조성하고, 뒤편의 10은 자전거 교통수단 분담률을 10%까지 높이는 것을 목표로 한다. 이러한 비전이 자전거 친화 도시를 실천하려는 시민사회에 공유되고 확산하여 정부와 지자체 등에 요구되어 실현된다면, 자전거는 단순한 취미를 넘어 지속 가능한 도시를 위한 핵심 교통수단으로 자리 잡게 될 것이다.

8) 큰 변화는 작은 변화에서부터

자전거 친화 도시로 나아가는 과정은 단기간에 이루어질 수 없다. 자동차 중심으로 설계된 도시 환경에서 자전거를 일상적인 교통수단으로 정착시키려면, 실현 가능한 작은 변화부터 하나씩 만들어 가는 것이 중요하다.

특히 어린 학생들이 안전하게 자전거로 통학할 수 있는 환경과 제도를 조성하는 것은 의미 있는 첫걸음이 될 수 있다. 현재 우리나라 도시 설계는 '10분 내 이동권' 개념과 거리가 멀어 일상적인 이동이 불편한 구조다. 예를 들어, 많은 학교에서 "자전거 등교 금지" 방침을 두고 있는데, 이는 자전거 사고 발생 시 학교의 책임 문제 때문이라고 한다. 하지만 자전거 통학이 위험하다면, 이를 개선하는 것이 어른들의 역할이 아닐까? 아이들이 자전거를 통해 체력을 기르고 협동심을 배울 수 있도록 지원하는 게 더 중요한 과제다. 또한, 자전거는 교육적으로도 활용될 수 있다.

국토 종주처럼 청소년들이 선생님과 함께 자전거로 전국을 여행하며 국토에 대한 애정과 동료애를 키우고, 미래에 대한 꿈을 나누는 경험을 제공할 수 있다. 학창 시절 캠핑하던 기억이 오래 남듯, 자전거를 통한 교육 프로그램도 학생들에게 의미 있는 경험이 될 것이다. 이외에도 10~15km 이내의 출퇴근길에서도 자전거는 중요한 역할을 할 수 있다. 또한, 현재 많은 시민이 한강 자전거 도로를 이용하고 있지만, 더욱 많은 시민이 하천변 자전거 전용도로를 이용하려면 하천 자전거 진입도로가 편리하고 안전하게 확보되어야 한다. 구체적으로 한강까지 접근하는 약 500m 구간을 자전거 친화적으로 정비한다면, 자전거 이용 인구가 증가할 것으로 예상된다. 구체적인 목표를 설정하고 통학 환경 개선 같은 작은 변화부터 실현해 나간다면, 자전거 친화 도시는 점진적으로 현실이 될 것이다.

정책적으로 지속적인 노력을 기울인다면, 자전거는 더욱 안전하고 편리한 교통수단으로 자리 잡아 우리 사회의 지속 가능한 미래를 위한 중요한 역할을 하게 될 것이다.

5. 기후위기시대 자전거 도시를 꿈꾸며

정현수

대구녹색소비자연대 대표
아이바이크대구시민클럽 정책위원
pass1986@hanmail.net

도시의 한 가운데서 희망을 노래하리라!

　대학 시절 매년 1만 명 이상이 교통사고로 사망하고 수십만 명이 심각한 장애를 입고 있다는 사실을 알았다. 문득 일상이 전쟁이구나! 하는 생각에 마음이 매우 힘들었다. 사고를 당한 사람이나 사고를 낸 사람들도 엄청난 데미지를 받으며 살아갈 수밖에 없는 현실이 문제라는 생각이 들었다. 그래서 친구들과 함께 '보행자천국의 날'을 기획하면서 차 없는 캠퍼스 만들기 활동을 하였다.
　대학교 내 만큼은 자동차로부터의 위협이 없기를 바랬다. 걷고 자전거 타고 평온한 일상이 중요하다는 생각에 열심히 활동하였다.

　졸업 후 YMCA에서 근무하며, 페놀 사태와 대기오염 문제 등을 겪으면서 환경과 생명의 문제는 이제 일상의 문제이며, 시대정신임을 깨닫기 시작했다. 구체적인 시민들이 이 문제의 해결자

이자 주체가 되어야 한다는 생각에 녹색소비자연대를 시작했다.
　녹색의 가치를 지닌 소비자(시민)들이 연대하여, 환경, 교통, 기후문제를 만들어 가자고 했다. 하지만 시민들이 함께 모여 활동하는 게 쉽지만은 않았다.

　그 당시 언론에서 제기한 '시민 없는 시민운동'이라는 제목에 너무나 가슴이 아팠다. 특단의 조치가 필요하다고 생각했다.

　어느 날 문득 아파트에서 인라인스케이트를 타고 노는 아이들이 너무나 재미있어 보였고 행복하게 보였다. 이 아이들과 함께 인라인스케이트를 타며, 녹색 교통을 외치면 희망이 있어 보였다.
　에어 2030(날아다니는 20대에서 30대)이라는 청년 모임을 진행했다. 순식간에 회원들이 모였고, 붐이 일기 시작했다. 2002년경에는 1만 명이 모여 인라인 대행진을 하였다. 인라인 출퇴근 캠페인이 시민들에게 호응을 얻기 시작했고, 차 없는 거리행사 등 인라인을 통한 녹색 교통문화를 만들어 갔다.

시민들이 만들어 가는 녹색 교통의 열기가 한창 올라갈 때, 경찰청에서 인라인스케이트는 도로에서 탈 수 없다는 공지를 했다. 그리고 단속을 시작했다.

지금 생각해 보면 혁신과 전환의 관점에서 너무나 보수적인 행정조치였다. 경찰청에 항의와 토론을 하는 동안 시민들의 열기는 식어갔다. 사회적으로 격려받지 못한다는 분위기에 시민 참여형 녹색 교통이 서서히 무너져갔다. 너무나 안타까웠다.

자전거는 또 다른 의미를 지녔다. 도로에서 당당히 탈 수 있는 법적 지위를 가지고 있었고, 환경과 생명을 중히 여기는 사회는 늘 자전거가 교통의 우선순위에 있음을 발견했다. 자전거를 통해, 도시의 풍경을 바꾸어 보자는 결심한 때가 그즈음이었다.

그때 만난 분들이 자전거를 통해 녹색 교통을 외치는 분들이었다. 자전거는 인라인 그룹처럼 폭팔성은 없지만, 꾸준히 밀고 가는 힘이 있었다.

하지만 재미가 덜 해 젊은 층이 함께 하기엔 밋밋했다. 그래서 자전거 마일리지 운동을 시작하였다. 1천km 타면, 의미부여가 되는 배지가 부여되고, 지구 한 바퀴 4만km 타자는 목표를 가졌다.

1km를 타면, 200g의 이산화탄소(당시 자동차 1km 운행 시 탄소 배출량)를 줄일 수 있다고 의미를 강조했다.

자전거를 타면 내가 건강하고 활력이 생긴다. 또한, 도시도 대기오염이나 교통사고로부터 희망이 생긴다. 지금처럼 지구촌의 가장 큰 화두인 기후위기문제도 해결할 수 있다. 이렇게 이로운 자전거가 교통과 환경의 중심이 되야 하지 않을까?

교통수단의 선택과 탄소중립

우리는 어디로 가야 할 때, 어떤 교통수단을 이용할까를 생각한다. 걸어갈까? 대중교통을 이용할까? 자전거를 탈까? 자동차를 탈까?

이 판단의 기준은 무엇일까? 편리함? 아니면 가성비를 생각하는지? 그동안 이동수단에 대한 선택지는 두세 가지 정도였다. 하지만 이제는 탄소배출이라는 선택지를 추가해야 할 것 같다.

이제 탄소배출은 기상이변을 넘어 기후재앙을 불러왔기 때문이다. 분명한 건 폭염, 폭우, 한파, 산불 등 우리가 살고, 있는 시대는 기후위기 시대가 되어버렸다.

이동할 때 얼마나 이산화탄소가 배출되겠는가 싶지만, 자동차에서 배출되는 이산화탄소는 대한민국에서 발생하는 연간 7억 톤 중 1억 톤(전체 14%)이나 된다. 항공이나 선박에서도 탄소가 배출되지만 96%가 도로에서 발생하고 있다.

전 세계가 2050년을 기준으로 탄소중립을 선언했고 이행 중이다. 탄소중립을 위한 과정에서 수송 부분의 답은 분명하고 간단한 듯하다. 자동차 운행을 줄이고, 교통수단의 우선순위를 명확하게 하면 된다.

보행, 자전거, 대중교통, 전기자동차, 내연자동차 순으로 정책과 예산을 투여하면 될 것이다. 너무나 자동차에 치우쳐 있는 정책을 전환하면 된다. 대중교통수단분담률도 문제이지만, 자전거수단분담률이 1.2%라는 사실에 경악할 수밖에 없다. 적정한 균형을 맞춰야 한다.

기후위기 시대는 혁신과 전환이 필요하다.

자전거는 도시의 희망인가?

자전거를 타는 시민은 한국교통연구원 자료를 보면, 1,300만 명이 된다고 한다. 건강이나 레저, 출퇴근이나 등하교로 이용하는 시민 모두를 말하는 것이다.

자전거를 이용하는 시민이 이렇게나 많은데, 자전거 교통수단 분담률이 1.2%(행정안전부 통계)라는 것은 명백히 자전거 이용의 방해요소가 있다는 말이다.

자전거를 타고 등하교하고 싶어도, 출퇴근하고 싶어도 위험성과 불편함 때문일 것이다. 이제 탄소중립사회의 중요한 열쇠인 자전거 이용 활성화에 대해 모두가 고민해봐야 할 시점이다.

자전거 활성화를 위해 몇 가지 제안해 보면,

첫째, 일단 자전거 활성화를 위해 당장 자전거출퇴근 활동을 시작하자.

대구에서는 10여년 째 자전거출퇴근 캠페인을 하고 있다. 어느 순간부터 가장 문제가 되었던, 자동차로부터의 위협이 많이 사라지고 있다.

도로에서 공존의 문화를 서서히 찾아가는 중이다.

만약 자전거전용도로가 있거나 안전만 확실히 보장된다면 캠페인을 넘어 자전거 출근 및 자전거 등하교는 분명 폭발적으로 늘어날 것이다.

탄소중립을 위한 진정성 있는 정책이 필요한 지점이다. 도시를 사랑하고 공동체의 중요성을 느낄 것이다.

둘째, 자전거문화를 위한 교육 활동이다.

어느 도시에서 살고 싶냐는 질문에, 사람들은 행복하고 건강한 도시를 말한다. 철학자 이반일리치는 '행복은 자전거를 타고 온다'라고 한다. 자전거를 타는 풍경은 언제나 멋스럽고 활기차다. 도시의 건강성을 이야기할 때 자전거만큼 좋은 것은 없을 것이다. 어릴 때부터 자전거 교육이 필요한 이유이다. 도시를 구석

구석 느끼며 자신이 자라는 도시를 알아가는 과정에 자전거만큼 매력 있는 교통수단은 없을 것이다. 바람을 가르며 달려가는 모습에서,

셋째, 자전거는 적정교통수단임을 인지하자.
걷기와 대중교통은 애매하고, 자동차로 가기엔 주차와 탄소배출이 염려될 때 가장 적합한 교통수단이 자전거이다. 균형적인 교통수단으로 자전거가 자리매김했으면 한다.
자전거 교통수단분담률도 10% 정도 되고, 자동차도 도시와 지구생태계를 위협하지 않는 범위에서 적정 사용하고 보행과 대중교통 중심으로 균형 있는 교통정책과 문화가 필요하리라 본다. 그래서 자전거 이용률이 기후위기 극복의 상징이자, 적정한 지표가 되기를 기대한다.
기후위기에서 도시를 구하는 열쇠는 자전거로부터라고 확신한다.

부록 2. 전국 자전거 활성화 활동가

1. 자전거 타고 하천 지도를 만들고 있는 고양시 김정호
2. 환경교육(기후&에너지, 자전거 중심) 이렇게 해봐요
3. 자전거 도시 춘천을 꿈꾸는 시민 어형종
4. 제주를 대표하는 자전거, 푸른바이크쉐어링
5. 약속의 자전거 이야기
6. 대구 상리 자전거 교육장 운영

1. 자전거 타고 하천 지도를 만들고 있는 고양시 김정호

한기식

고양자전거학교 대표
trihan@naver.com

고양시에서 자전거 교육을 하면서 2012년에 고양시 생태하천 Network에 가입하면서부터 본격적으로 하천 활동이 시작되었다. 처음에는 소수의 청소년 자전거 보안관들의 하천정화 활동으로 움직이게 되어, 점차 성인 회원들도 한 달에 한 번씩 자전거 정기 활동을 하면서 하천 주변 정화 활동에 참여하게 되면서부터 고양시에서 점차 주목받게 된다.

1) 하천 Network 활동

청소년 자전거 보안관

성인 회원 활동

주말 회원 활동

청소년들은 자전거 안전 교육을 통해서 보안관 활동 자격이 주어지고 하천정화 활동을 통해서 하천에 대한 소중함과 함께 봉사 시간이 함께 주어지게 되어 일석이조가 되고 또한 고양시 창의봉사센타에서 주최하는 청소년 창의봉사대회에 출전하여 다수의 수상도 하게 되어 청소년 자전거 보안관 활동을 통해 여러 가지 경험을 할 수 있어서 부모님들에게 좋은 평가를 얻고 있다.

　여성 회원들 활동은 평소에 정기 활동으로 자전거 코스를 선택하여 하천 주변을 돌아올 때 하천정화 활동이 이루어지는데 많은 인원이 함께 쓰레기를 치우니 마음도 가볍고 열심히 참여하게 된다.

2) 고양시 생태·하천 지도 제작

고양시 지도

　하천정화 활동을 시작하면서 고양시 생태·하천 지도에 관심을 가지게 되어 2013년부터 장월평천을 시작으로 고양시 지원 사업으로 매년 하천 구간을 나누어 하천 지도를 만들고 있다.

　고양시에는 국가하천과 1개, 지방하천 18개, 소하천은 51개로 전체 70개의 하천으로 이루어져 있으며 고양시 지도를 자세히 보게 되면 모양이 마치 물고기를 연상하게 되는데 지도 제작은 반시계 방향의 지방하천으로 시작하여 장월평천, 도촌천, 대장천, 성사천, 공릉천, 벽제천, 원당천, 창릉천, 장진천 지도가 완성되었고 마지막으로 국가 하천인 한강 구간을 남겨놓고 있다.

고양시 생태·하천 지도

생태·하천 지도에는 하천에 대한 소개와 하천 주변에 문화, 역사를 알 수 있게 나열되어 있으며 고양 둘레길과 연결되어 하천 주변의 경치도 감상할 수 있도록 작업이 되어 일반인들도 하천에 대한 이해를 도울 수 있게 만들었고 지도의 사용 용도는 생태·하천에 관심이 있는 환경단체나 학생들에게 하천을 관찰하거나 교육용 자료로 유용하게 쓰이고 있다.

3) 한국 강의 날 대회 참가

한국 강의 날 대회는 강과 하천을 사랑하는 사람들이 함께 만들어 가는 화합과 상생의 대회로 좋은 강과 하천을 만들기 위한 목적으로 2002년 양평에서 제1회 대회가 시작되었고, 매년 전국의 강, 하천에 관련된 시민단체와 지역주민, 행정, 전문가들이 공동으로 개회하고 있다.

고양자전거학교에서는 2015년부터 고양시 하천네트워크 단체 대표로 꾸준히 선발되어 전국의 각 지역에서 개최되는 한국 강의 날 대회에 참가하여 다양한 형태의 사례 분야에서 발표하여 5전 6기 참가한 끝에 드디어 2020년 환경부 장관상을 수여하게 되었는데 강의날 대회가 있었기에 하천 지도에 대한 애착과 목표가 더 커지게 되고 성과를 얻게 되었다.

한국 강의 날 대회 참가

4) 고양시 하천 탐방길 및 자전거길 제작

고양시 생태·하천 지도를 통해 사계절 수십 차례의 하천 길을 답사하기에 자연스럽게 하천 탐방길이 생기고, 차가 다니는 도로보다는 하천 주변을 안전하게 자전거 라이딩할 수 있는 자전거 길이 탄생하게 되어 고양시를 하나로 이어주는 관광산업에도 도움이 되고 있다.

고양시 하천 탐방 및 자전거 길

5) 행안부 자전거 이용 활성화 우수단체 수상

2018년에 고양시가 행안부 주최 자전거 이용 활성화 우수단체에 국무총리상을 수여하게 되었고, 2021년에는 4년 만에 열심히 노력하여 다시 대통령상을 받게 된다. 고양자전거학교에서도 2017년부터 꾸준하게 매년 응시하여 2019년 자전거이용 활성화 우수단체에 행안부 장관상을 받게 되었고, 다시 1년 뒤 2020년 국무총리상을 받는 영광을 얻게 된다. 앞으로도 더 열심히 준비해서 상이 목표가 아니라 결과가 될 수 있도록 준비할 예정이다.

국무총리상

행안부장관상

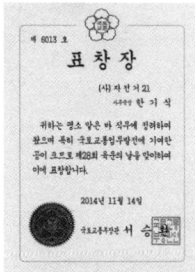
국토교통부장관상

고양시장상

경기도지사상

자전거 이용 활성화 표창들

6) 앞으로 고양시 생태·하천 지도의 방향과 활동

기본적인 하천 지도는 계속적으로 업그레이드해서 만들고 앞으로의 방향은 좀 더 발전된 형태의 생태·하천 지도에도 관심을 가질 예정으로 일러스트 형식의 지도로 그동안 노하우와 자료를 다시 정리하여 작업할 계획이다.

그동안 지도 작업을 통하여 고양시 생태하천 Network에서는 시민들에게 쉽고 편하게 접근할 수 있는 통합 앱이 제작되어 현재 활용 중에 있다.

2016 대화천 생태·하천 지도

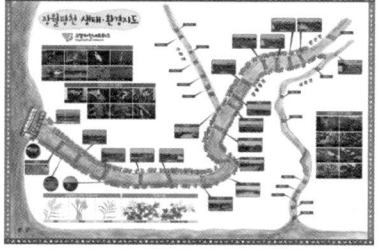
2017 장월평천 생태·하천 지도

앞으로 생태·하천 지도의 방향

아직도 고양시 하천에 관한 자료가 부족하기에 지속해서 작업하게 된다면 전국에서 고양시 하천 Network가 자료가 다양한 분야에 걸쳐 배치되어 생태·하천 벤치 마케팅에도 효과적으로 이루어질 수 있는 기반이 될 수 있을 것이라 예상을 해보게 되어 기대해보게 된다.

생태·하천 지도를 10년째 만들고 있고 앞으로 고양시 하천 구석구석 누비며 활동하면서 고양시 하천에 관한 자료를 계속 만들 계획을 세우고 있고 올해는 10주년 기념으로 고양 하천에 관한 책자를 출판할 계획을 세우고 있다.

7) 자전거 서적 출판 및 지도자 양성

10여 년 동안 자전거 교육을 하면서 그동안 쌓은 노하우를 전수하기 위해서는 제대로 된 자전거 지도 양성이 우선이라고 생각하게 된다. 그냥 대충 지도를 하는 게 아니라 시민들에게 감동을 줄 수 있는 경험 있는 자전거 지도자가 필요한 시점이다.

그렇기 위해서는 많은 경험이 있어야 하고 상, 하반기 정기 모임을 통해서 지도자 역량을 강화해야 한다. 형식적인 모임이 아닌 제대로 된 모임이 필요하다.

| 2006 | 2010 | 2011 | 2018 |

대표 출판 서적들

| 고양시 하천 지명사전 | 장월평천의 생태와 환경 | 청소년 자전거 보안관 자료집 | 자전거 이용 활성화 13년 사 |

기타 홍보물 제작

2. 환경교육(기후&에너지, 자전거 중심) 이렇게 해봐요

김광훈
광주에코바이크 운영위원장
175cm68kg@hanmail.net

북극곰을 살리자

어린이자전거안전학교(해당학교)

자전거수학여행(영산강&섬진강)

여성자전거안전학교
(광주광역시청 광장)

미래를 위한 금요행동
(광주기후위기비상행동)

'벌레잡이풀모기'라는 종의 생물 유전자는 이미 기후변화에 대응하여 변화를 했다. 가느다란 혈관이 그물망처럼 짜여 있으며 나비처럼 펄럭일 수 있는 넓은 귀, 막대한 물과 에너지를 소비하는 식량 확보를 위하여 부족한 만큼 곤충을 잡아먹기 위한 뾰족한 입, 사막의 '모래고양이'처럼 뜨거운 지면도 잘 버티는 긴 털을 가진 발, 원활한 광합성 작용을 위한 초록색과 가뭄을 대비하여 딱딱한 비늘을 가진 피부 등은 '벌레잡이풀모기'의 생김새가 아니다. 무엇보다도 더워지는 땅을 버리고 시원한 곳으로 이주해야 하지 않을까 고민해야 하는 지구온난화에 적응하기 위한 인간의 진화론 예시다.

데이비드 드 로스차일드(David de Rothschid)
어드벤처 에콜로지(Adventure Ecology) 설립자

■배경

유엔기후변화에관한정부간협의체(IPCC)[1]가 2013년 9월 스웨덴 스톡홀름에서 5차 보고서를 공개했다. 3~4년 주기로 그동안 보고서를 발표한 전례를 보면 지난 2007년 4차 보고서 발표 이후 긴 시간 동안 고심을 많이 한 흔적이라고 본다. 그만큼 인류에게 미치는 영향이 크기 때문이 아닐까 하는 증명을 스스로 한 것이다. IPCC의 앞선 발표에서 지구의 기온이 상승하고 있다는 사실과 인간 활동이 그 주요 원인이라고 더욱 강하게 주장해왔으며, 초창기 보고서는 2100년이라는 광범위한 미래를 예측했다면 이후 점점 더 앞당겨지고 있다는 현실이다. 하지만 이는 여러 분야의 관계자들과 충돌에 의하여 입

---

1 **기후변화에관한정부간협의체**(IPCC/Intergovernment Panel on Climate Change)
기후변화에 대처하기 위해 각국의 기상학자, 해양학자, 빙하 전문가, 경제학자 등 수천 명의 전문가들로 구성된 정부 간 협의체로 세계기상기구(WMO)와 유엔환경계획(UNEP)에 의해 1988년에 설립되었으며, 기후변화에 관련된 과학적, 기술적 사실에 대한 평가를 제공한다. IPCC에는 3개의 실무그룹과 1개의 대책위원회가 있다. 실무그룹1(WG I)은 기후변화 과학, 실무그룹2(WG II)는 기후변화 영향, 적응과 취약성. 실무그룹3(WG III)은 기후변화 완화에 중점을 둔다.
기후변화 문제 해결을 위해 노력한 공로를 인정받아 지난 2007년 노벨평화상을 앨 고어 전(前) 미국 부통령과 공동으로 수상을 하였다.

증하는 소모적인 논쟁의 빌미가 되고 있다. 2007년 발표된 4차 보고서가 인간의 활동이 지구온난화의 주요 원인일 것이라는데 90%의 확률을 나타낸 반면 금년 발표된 5차 보고서는 그 확률이 95%라고 밝혀 눈길을 끌고 있는 것에서도 '우리가 지금처럼 사용하다 보면' 지구는 부족하지 않을까 걱정이 앞선다.

■목표

RCE(Regional Centre of Expertise on Education for Sustainable Development)는 UN이 추구하는 지속가능발전(Sustainable Development)[2]의 구현에 필요한 지속가능발전교육(ESD) 확산을 위해 유엔대학(UNU)에서 세계 각지에 조직한 지역거점교육센터이자 지역전문기관들의 네트워크를 말한다. 거버넌스 공동협력, 연구와 개발, 변혁적인 교육, 미래세대를 위한 교육 등의 핵심 요소를 기반으로 기후변화, 교사교육, 지속가능한 소비와 생산, 건강, 생물종 다양성, 고등교육, 빈곤, 청소년, 평생교육, 형식, 비형식 교육연계 등 통합적이고 제도적인 체계를 형성하는 다양한 역량프로그램을 개발하여 제시하는 방식이다(※2002년 유엔총회 결정). 광주광역시의 경우 '지속가능한 미래를 위한 교육'이라는 주제로 2013년 '광주RCE추진준비위원회'를 구성하고 지역 내 통합적이고 제도적인 추진체계 구심점으로 다양한 논의를 통해 2014년 초 인증 선포식을 하였다. 다양한 분야의 교육프로그램이 존재한다는 것은 도시의 건강성을 확보한다는 차원에서 보람 있는 일이라고 본다. 하지만 이를 통합적이고 체계적인 관리가 되지 않는다면 무방비하게 이루어지는 교육에서 자칫 객관성을 놓치지는 않을까 우려가 된다. 지

---

2 **지속가능발전(SD)**
미래세대의 필요를 충족시킬 수 있는 능력을 저해하지 않으면서 현재 세대의 요구를 충족시키는 발전(1987, 우리공동의미래)

속가능성에 무엇을 담을 것인가? 현재를 살아가고 있는 자들의 미래세대를 위한 약속에서 어떤 철학을 담을 것인가? 끊임없이 되돌아보고 말과 글(보고서)이 아닌 강력한 실천 의지를 보였으면 하는 차원에서 사례를 소개하고자 한다.

■ 세부 활동 내용

Ⅰ. 찾아가는 기후&에너지학교
ㅇ 목적
  - 우리의 미래세대인 어린이들에게 에너지의 환경피해를 알려 자연의 소중함을 알림
  - 에너지 절약 교육을 통해 생활 속에서 에너지를 아껴 쓸 수 있도록 함.
  - 깨끗하고 안전한 녹색에너지인 햇빛이나 바람 같은 '재생가능에너지'의 필요성을 체험

ㅇ 교육기간 및 참여대상
  - 연중수시
  - 1학급 단위 및 동아리구성

ㅇ 기대효과
  - 기후변화 대응 및 에너지 절약에 대한 미래세대 인식 제고
  - 미래세대의 자발적 참여 분위기 조성기여
  - 저비용 고효율 기후변화 대응 및 에너지 교육 홍보 시스템 구축

시간	수업		장소
	내용	구분	
2시간	북극곰 이야기	ppt	교실
	기후변화 동영상 시청	영상물	
	'냉장고' '동물들이 말하는 기후변화 이야기'	영상물	
	태양열 조리기 만들기, 태양광 장난감 자동차 만들기	실습 - 종이, 30cm 자, 가위 / 별도 키트 구입	
3시간	재생에너지, 인간동력, LED 체험	견학	해당 현장

현장견학 시설명칭		시설내역
김대중컨벤션센터		태양광발전소 1MW(추적식)
남구 신(新)효천마을		태양광세대별2.1kW 총 64세대
에너지관리공단광주전남본부		녹색에너지체험관 LED홍보관
조선대학교	그린빌리지	총 111세대

【찾아가는 기후&에너지학교 교육/예시】

ㅇ 우리 주변에서 실천사항 찾아보기 '지구를 시원하게 하는 방법 6가지'

- 위에서 살펴본 바와 같이 그렇다면 우리는 어떻게 해야 하는가? 지구온난화를 막는 것은 바로 우리들의 손에 달려 있다. 생활 속에서 즐겁게 이산화탄소를 줄이는 방법. 전력소비가 가장 많은 여름에 여러분의 실천으로 이산화탄소를 줄여보는 것은 어떨까?

NO	주제	내용
1	일단 걷자! 그리고 힘들면 자전거를 이용하자! 그러면 북극곰을 살릴 수 있다.	길 위에 자동차가 넘쳐나는 세상이다. 대중교통을 이용하거나 승용차 사용을 절반만 줄여도 온실가스 1.5톤 이상 감소한다. 건강도 유지하고 지구도 지킬 수 있는 한 걸음, 한 바퀴에 함께
2	뜨거운 대결 부채+선풍기 VS 에어컨	대한민국 국민이라면 모두 다 알고 있는 '에어컨 1대는 선풍기 30대의 전력량과 같다.' 나 혼자 시원하자고 지구를 뜨겁게 데울 수 없다. 여름에는 부채와 선풍기를 들고 다니면서 더위를 이겨내고 겨울에는 내복을 입자. 3°C를 아낄 수 있다.
3	냉장고는 창고가 아닙니다. 적당히 넣자.(60%) 그리고 자주 열지 말자.	오랫동안 냉장고에 묵혀 둔 정체불명의 무언가 전기를 잡아먹는 주범들이라는 것, 아십니까? 냉장고 정리를 잘하는 것과 냉장고 문을 자주 열지 않기 위하여 가족들이 함께 식사하는 것도 지구를 지키는 좋은 습관
4	플러그 뽑자! 힘드세요. 그러면 멀티탭을 사용하세요.	집안에 사용하지 않은 가전제품에 아직도 플러그가 꽂혀 있는지 살펴보자. 가족들 모두가 다 가지고 있는 휴대폰 충전기는 어떤가요? 바쁘다고 배터리만 빼고 있지는 않습니까? 플러그만 뽑는다면 사라져 가는 남태평양의 투발루 원주민은 국가를 잃지 않겠죠? 귀찮으시면 멀티탭을 사용하세요. 실천만 잘해도 약 10%의 전기요금을 줄일 수 있습니다.
5	쓰레기가 많아지는 계절은? 봄+여름+가을+겨울	쓰레기는 그 자체로도 문제 쓰레기를 태울 때 발생하는 이산화탄소 등은 지구온난화를 부른다. 땅에 묻은 음식물 쓰레기들도 분해과정에서 메탄가스를 발생시킨다. 이는 이산화탄소보다 21배나 강력하게 지구온난화를 앞당기고 있다. 먹을 만큼만!

| 6 | 물도 에너지다. | 물을 만드는 과정과 사용 이후에 정화시키는 과정에서 40% 정도가 전기에너지를 사용하고 있다. 물 사용량이 많을수록 이산화탄소도 많이 발생한다. 목욕할 때는 시간을 정해서, 세탁할 때도 한꺼번에 모아서 하는 습관이 물 낭비를 줄일 수 있다. |

○ 교육 장면 사진

이론수업-에너지절약

이론수업-태양열조리기실습

현장방문-광주광역시청
의회주차장

현장방문-조선대 그린빌리지

Ⅱ. 자전거안전학교

○ 목적

- 자동차 증가 및 과다사용에 따른 이산화탄소의 증가로 지구온난화 등이 발생되어 지구환경이 오염되고 있는 현실을 인식하고 이에 기후변화 대응을 위한 자전거안전 교육을 실시하여 이산화탄소로 인한 대기오염을 줄이기 위한 노력을 포함하여 안전하고 깨끗한 환경 조성과 건강한 도

시이미지 제고에 기여하고자 함.
- 자전거에 밀접하면서도 사고 우려가 높은 어린이, 청소년을 대상으로 자전거안전 교육을 실시함으로써 탄소배출 제로(Zero)인 자전거를 생활 속의 주요 교통수단으로 안전성을 정착시킬 수 있는 저변을 확대

○ 교육기간 및 참여대상
 - 연중수시
 - 1학급 단위 및 동아리구성

○ 기대효과
 - 근본적으로 자전거 이용 가능 인구수를 증대시키고 참여 기회를 확대함으로써 자전거 안전시책 홍보 및 자전거이용활성화를 통한 교통수송부문의 기후변화 대응 실천 방안 마련
 - 자전거 관련 체계적인 교육 실시에 따라 안전하게 자전거를 탈 수 있는 여건 조성
 - 동아리 모임 결성 등으로 기후변화, 에너지, 자전거 관련 활동 추진 시 중요한 네트워크 기반 조성

시간	교육내용	비고
2시간	지구온난화와 자전거 운동의 필요성 자전거 역사, 원리 및 구조, 기능 등	이론
2시간	자전거 복장 및 안전장구 착용하기 자전거 조작법, 자기 몸과 자전거 맞추기 자전거 끌기, 자전거 정지 상태에서 자세교정 및 중심 잡기	실습
2시간	자전거 관련 법규(도로교통법), 수신호, 약속 주행 이론	이론

4시간	자전거 수신호 연습 자전거 주행(직진, 회전 등)	실습
6시간	횡단도 건너기, 자전거 주차 방법(도난방지 방법) 보행자도로 통과 등	실제 도로 체험

【자전거안전학교 교육예시】

○ 우리 주변에서 실천사항 찾아보기 '영산강&섬진강 자전거 생태 탐방(수학여행)'

- 자라나는 미래세대에게 안전하고 깨끗한 환경 조성과 건강한 생태계 이미지 제고에 기여하고, 더불어 지역의 대표적인 영산강의 처음과 끝을 함께 달려보고 느껴 어린이, 청소년들의 호연지기 및 지역사랑의 마음까지 심어주고자 한다.

- 제목 : 영산강 발원지에서 바다가 만나는 곳까지 '영산강 자전거 생태 탐방(수학여행)'
- 일시 : 6월 12일(수) ~ 14일(금) 2박 3일 √사전교육(4월~6월)
- 장소 : 전라남도 담양군 '용소' → 전라남도청 앞 '신재생에너지 홍보전시관'
  √전라남도 담양군 '용소(오리엔테이션 및 발대식)'
  √담양→광주→나주→함평→무안→목포(자전거 생태탐방)
  √전라남도 무안군 '전라남도청' 앞 신재생홍보전시관(해단식)

날짜	시간	내용	비고
① 12일 (수)		용소(영산강발원지/발대식)→광주광역시 →중흥골드스파(숙소)	
	08:00~09:00	발대식(용소 주차장)	50km
	09:00~12:00	오전 주행(관방제림/담양읍 →광주광역시)	
	12:00~13:00	점심식사(광주광역시 산동교)	
	13:00~14:00	오침 및 휴식	
	14:00~18:00	오후 주행(광주광역시→승촌보)	
	18:00~19:00	저녁식사(숙소 내 식당)	
	19:00~21:00	강연① "영상물 상영-하늘에서 바라본 지구"	
	21:00~	취침 및 자유시간	
② 13일 (목)		승촌보→나주시→죽산보→몽탄대교 →중흥골드스파(숙소)	
	06:00~08:00	기상/아침식사(숙소 내 식당) 및 출발 준비	50km
	08:00~12:00	오전 주행(승촌보→나주시 →죽산보)	
	12:00~13:00	점심식사(학교면 '해태반점')	
	13:00~14:00	오침 및 휴식	
	14:00~18:00	오후 주행(죽산보→동강교 →몽탄대교)	
	18:00~19:00	저녁식사(숙소 내 식당)	
	19:00~21:00	강연② "태양광자동차 만들기"	
	21:00~	취침 및 자유시간	
③ 14일 (금)		목포시→영산강하구언→신재생홍보전시관(해단식)	
	06:00~08:00	기상/아침식사(숙소 내 식당) 및 출발 준비	30km
	08:00~12:00	오전 주행(몽탄대교 →영산강하구언→홍보관)	
③ 14일 (금)	12:00~13:00	점심식사(도시락)	
	13:00~14:00	해단식 및 해산(전남도청 앞 신재생홍 보관)	

• 추진일정

교육일정	세부항목	세부추진계획
4월	참가단위 기획단 구성	기획회의 및 기획단 구성 각 단의 별 역할 배정 일정 및 참가자 협의 시청 및 해당 군청에 협조 요망
4월~6월	교육(이론, 안전) 업무협약식	담당 강사 및 시간표 확정 자전거 및 학습 기자재 점검 자전거 안전 수업 실시 교육기관별 업무협약
6월	생태탐방 진행	참가자 파악 및 최종 선정 장소 등 재확인 경찰 협조 등 재확인 자전거 생태탐방 진행 결과보고서(사진, 영상물 등)
7월	평가	기획단 평가회의 결과보고서 작성

• 추진협약서

자전 거이용 활성화를 위한 협정서

광주에코바이크, 00초등학교는 교류협력을 통하여 상호 간에 공동발전을 도모하고 기후변화 대응을 목표로 자전거 이용 활성화를 위하여 아래와 같이 협정을 체결한다.

1. 우호협력을 통하여 물, 에너지 · 환경 · 경제 · 체육 등 자전거 이용 활성화에 필요한 분야에서 교류한다.
   가. 기후변화 대응 및 온실가스 감축을 위한 저탄소 시범도시 공동조성지원
   나. 자전거를 탈 수 있는 다양한 정보 및 홍보 교류 지원
   다. 네트워크 구축 협력, 인적 지원 등 원활한 진행 상호지원
   라. 물과 에너지절약 확산 캠페인 및 홍보 등 생활 속 의식 전환 분야 지원
2. 홍보 및 운영을 지원하여 지구온난화에 대한 기후변화에 대응하고 자전거 이용 활성화에 기여할 수 있도록 노력한다.
3. 내실 있는 교육협력을 추진하기 위하여 필요한 사항은 상호 협의하여 처리한다.

본 협정서는 참여기관이 서명한 날로부터 효력이 발생하며, 2부를 작성하여 각 1부씩 보관한다.

0000년 00월 00일

00초등학교장   O O O   _____
광주에코바이크 대표   O O O   _____

■ 북극곰을 살리기 위한 목표 '350ppm'

이론수업-자전거 법규

현장수업-안전장구 착용

현장수업-수신호, 약속 주행

실제 도로체험-학교 주변 도로

우리는 강력한 경고들을 경험하지 않았다는 것 때문에 물이 담긴 냄비 속 개구리처럼 평화롭게 있다. 그 아래 불이 지펴져 있다는 사실을 모르고 말이다. 언젠가는 서서히 뜨거워지는 물에서 나오지 못하고 죽고 말 것이다. 만약 펄펄 끓는 물에 개구리를 넣으면 바로 튀어나올 것이다. 현재 지구의 대기 중 이산화탄소 비율은 394ppm이다. 대한민국은 396ppm을 가리키고 있다. 지난 수천 여 년간 지구 대기 중 이산화탄소 평균 농도는 275ppm에서 비교적 안전적으로 유지되어 왔으나 약 200년 전 산업혁명 이후 급속히 치솟아 미국 해양대기국 조사에 따르면 이산화탄소 비율은 1960년대 이후 해마다 1ppm미만으로 증가하였으나 2000년 이후에는 평균 2ppm의 증가를 나타냈다.

　이제는 하나뿐인 지구를 지키기 위해 '350ppm'의 목표를 찾아야 한다. 2010년 우리나라의 자동차 등록대수는 1,830만 대이다. 1988년은 약 200만 대 정도로 350ppm은 이때를 가리키고 있다. 1,600만 대의 자동차를 버려야 하는데 쉽지 않다. 우리나라 성인남녀의 샤워 1회 물 사용량은 170리터이다. 이를 수치로 확인하면서 씻기는 어려우나 시간으로는 가능하다. 전 세계는 물을 절약하기 위해 5분 샤워하기 운동을 펼치고 있다. 하지만 실현 불가능처럼 보이다 보니 350ppm은 현실적으로 어려운지 모르겠다. 슬그머니 신경을 끄고 살아야 하지 않나 생각할 수도 있다. 개구리를 잊지 말자. 북극곰보다 더 소중한 인간의 생명이 개구리임을 말이다.

왜! 350ppm인가?

국제기후환경산업전 꼴라주

350명 참여 퍼포먼스

00초등학교 350pp 꼴라주

'환경운동은 특별난 사람만 한다. 아니면 어렵고 딱딱하다.'라는 생각들을 많이 하지만 주변에 작은 실천들로 환경운동에 앞장서는 사람들이 많다. 하지만 하루아침에 해결되는 사안들도 아니고 특히나 서서히 우리에게 영향을 미치는 것들이 대부분이여서 쉽게 포기하고 만다. 재미나 즐거움을 통해 '환경을 지키는 것이 행복이다.'라는 생각으로 풀어보자. 주변에 누군가 있거든 같이 답을 찾는 고민을 함께하고 이 중에서 하나라도 실천할 수 있는 것이 있거든 바로 행동하시길 바란다.

■교육활동 참고자료

【기후변화 골든벨 문제】

연번	문제
1	'남극' 뒤에는 '대륙'이라고 쓰여 있습니다. 대부분이 땅 위에 눈, 얼음 등이 덮여있어 "지구온난화 현상으로 남극대륙이 녹아내리고 있다."라는 표현을 씁니다. 그렇다면 북극 뒤에 쓰여 있는 말은 무엇일까요? 북극은 "지구 온난화 현상으로 사라지고 있다."라는 표현을 쓴다고 합니다.
2	이곳은 지구 온난화 현상으로 지금 현재도 바닷물이 올라와 국토의 일부가 잠기고 있는 태평양의 작은 섬나라입니다. 인구는 1만 명 정도라고 하며, 8개의 부속 섬까지 모두 합쳐도 우리나라 남해안의 '외나로도' 정도의 면적으로 매년 일부의 원주민이 옆 나라인 뉴질랜드로 집단 이주를 하고 있습니다. 우리가 지금처럼 쓰다 보면 이들은 아마 2050년쯤 지구상에서 사라질 위험에 처할 것입니다. 이들이 물을 펑펑 소비하고 에너지를 낭비하고 자동차를 많이 타고 다녀 매연을 배출하고 쓰레기를 많이 버리고 그랬을까? 생각을 해보십시오. 태평양의 적도 부근에 호주, 피지, 뉴질랜드 사이에 있는 작은 섬나라의 이름은?
3	지난 100년 동안 지구는 0.74℃가 상승했다고 합니다. 1만 년 동안 1℃ 상승한 것에 비한다면 지구가 생긴 이래 짧은 기간 동안 이렇게 온도가 급한 상승을 보인 것은 처음입니다. 산업혁명을 중심으로 화석연료 등의 에너지 사용이 많아지고 대형건물과 자동차 사용이 늘어나면서 생겨난 현상입니다. 우리나라도 물론 온도는 상승했습니다. 평균 몇℃ 상승했을까요?

4	겨울철 실내 적정온도는 18°C~20°C이며, 여름철 실내 적정온도는 26°C~28°C입니다. 넥타이를 풀거나 반바지 등 시원한 복장을 하여 내 몸의 온도를 낮추고 에어컨 사용을 자제하여 에너지를 아끼자는 '○○○운동'을 들어 보셨습니까? 이를 실천하면 내 몸에서 2°C 정도 시원하게 보낼 수 있으며, 참고로 겨울철 내복을 입으면 3°C를 더 따뜻하게 보낼 수가 있다고 합니다.
5	인도는 국민의 대다수가 물을 확보하는데 드는 시간이 3시간이 든다고 합니다. 아프리카 대륙의 대부분의 나라는 이보다 더 심각하여 6시간이라고 합니다. 그렇다고 어렵게 확보한 물이 결코 깨끗하지는 않을 것 같으며, 매일같이 반복되고 있다는 것이 더 힘든 현실입니다. 깨끗한 물을 먹지 못해 전 세계에서 3초에 한 명씩이 목말라죽어가고 있습니다. 우리나라 사람은 하루 평균 333ℓ의 물을 쓴다는 통계청의 발표를 보더라도 물에서 결코 자유롭지는 않은 것 같습니다. UN은 우리나라를 물과 관련하여 어떤 국가로 분류하였을까요?
6	우리나라는 종이컵을 1년이면 약 12억 개 정도 사용한다고 합니다. 종이 1톤을 생산하기 위하여 30년생 나무 17그루가 베어지고 있다고 생각하면 끔찍합니다. 여러분들은 1년에 몇 그루의 나무를 심습니까? 아니 평생 동안 몇 그루나 심을까요? 우리나라의 종이 소비량은 전 세계 9위에 해당됩니다. 매년 봄철이면 찾아오는 불청객을 황사라고 하는데요. 황사를 방지하기 위하여 몽골에 찾아가 ○○심기를 하고 있지만 이는 황사를 방지하기 위함이지 종이를 만들기 위함이 아닙니다. 근본적으로 종이소비를 줄이는 방법이 제일 중요합니다.
7	TV, 세탁기, 휴대전화, 컴퓨터, 선풍기, 청소기, 에어컨, 전기밥솥… 등 전기에너지를 필요로 하는 가전제품들이 우리 가정에는 참으로 많습니다. 위에서 이야기한 제품들은 사용하지 않을 때 플러그를 뽑을 수 있는 것들입니다. 하지만 1년 내내 뽑지 못하는 제품들이 늘고 있다는 것이 더 큰 문제입니다. 냉장고, 김치냉장고, 냉동고를 비롯하여 식기세척기, 음식물쓰레기 처리기, 냉온수기, 비데, 각종 살균소독기, 로봇청소기 등이 대표적입니다. 사용하지 않은 가전제품의 플러그만 잘 뽑아도 1년에 1달의 전기요금을 아낄 수 있다고 하는데 이렇듯 가전제품의 플러그 뽑기 실천을 권장하고 불편함을 해결하기 위하여 만든 제품으로 여러 개의 스위치가 달려 있어 플러그를 뽑지 않고 스위치만 끄면 되는 방식입니다. 이 제품의 이름은 무엇일까요?

8	지구 온난화 현상에 따른 기후변화에 대응하기 위하여 단열, 옥상녹화 등을 비롯한 에너지의 효율적 이용과 태양, 바람, 땅, 물, 바이오 등 자연을 활용한 재생에너지를 사용하는 방법이 있습니다. 하지만 이보다 더 실천해야 하는 것은 무엇일까요? 일명 보이지 않는 발전소라고도 합니다.
9	지구의 현재 이산화탄소 농도는 400ppm(2013년)을 넘었다고 합니다. 가장 이상적인 이산화탄소 농도는 1988년 수준이라고 하는데요. 몇 ppm일까요? 우리나라 기준으로 1830만 대의 자동차 수를 200만 대 수준으로 낮추면 가능한 수치라고도 합니다.
10	지구를 살리는 7가지 중의 하나입니다. 먼저 6가지를 알아보겠습니다. 자전거, 도서관, 쌀국수, 천장선풍기, 도서관, 콘돔 등이 있습니다. 마지막 한 가지는 곤충입니다. 진딧물을 많이 잡아먹어 따로 농약을 하지 않아도 되는 천적 농법에 주로 이용된다고 합니다. 크기가 1cm 남짓에 공서럼 조그마하며, 등에 여러 가지 무늬가 있습니다.

① 북극해 ② 투발루 ③ 1.5℃ ④ 쿨 비즈 ⑤ 물 부족 국가
⑥ 나무 심기 ⑦ 멀티 탭 ⑧ 절약 ⑨ 350ppm ⑩ 무당벌레

【자전거 안전 교육장 설치 및 운영】

• 목적

지구온난화에 따른 교통수송부문의 기후변화 대응을 위한 생활 속 실천을 알려내고 더불어 자전거를 안전하게 타는 방법을 교육하여 사고를 줄이고 몸과 마음이 건강한 사회의 일원으로 성장할 수 있는 기회를 제공

• 교육장 운영

운영기간 : 상, 하반기(3~6월, 9~11월 총 6개월)
교육대상 : 광주광역시 관내 초등학생 중심
  - 추후 가족 중심의 저변 확대를 위해 주말 가족반 운영
  - 어린이(초등학교 1~3학년, 4~6학년) 등 '자전거안전교실' 운영
운영방법 : 관련단위 참여 협의체 구성
  - 市 및 자치구 : 교육장 유지 및 관리
  - 학교 및 시민단체 : 교육 프로그램 운영 관리

교육운영
  - 교육시간 : 그룹별 16시간(8회×2시간 / 4주 / 이론 필수 포함)
  - 교육편성 : 저학년, 고학년 편성
  - 수료증 발급 : 정기교육 이수자

• 자전거 타기 시범학교 운영
  - 추후 자전거 이용 등, 하교가 가능한 학교 중심
  - 시범학교 운영에 학교장 및 학생, 학부모, 교사들의 관심도가 높은 학교 등
  - 자전거 보관대 설치, 운영비 지원, 유관단체 협조 지원
  - 자전거 타기 시범학교 지정서 교부
  - 학교 주변 자전거 도로 및 표지판 설치
  - 자전거 타는 방법 및 안전 교육 프로그램 운영 지원

• 기대효과

초등학생을 대상으로 환경에 대한 심각성을 알려내고 생활 속 실천을 위한 올바른 자전거 이용과 안전에 필요한 기초지식 등 교육을 실시하여 기후변화에 대응하고 주변의 자원을 활용한 다양한 프로그램을 통해 자전거 이용의 저변 확대 및 교통사고를 예방하는 계기를 마련

• 교육장 예시도

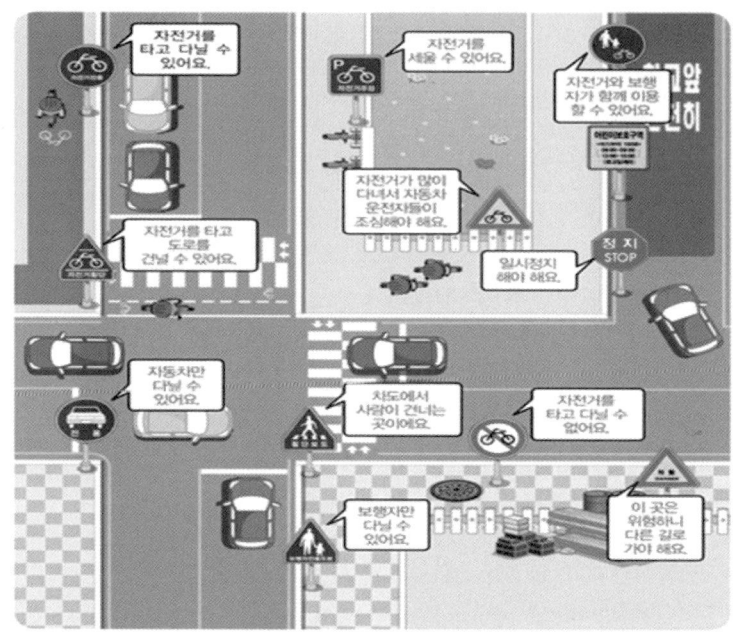

	자전거전용도로 또는 전용구간임을 표시
자전거 전용도로	
▶ 자전거만이 통행할 수 있는 도로 또는 구간 ▶ 자전거통행에 방해가 되는 물건을 방치하거나 보행자가 들어가서는 알됨	

	자전거와 보행자가 함께 다닐 수 있는 도로
자전거보행자겸용도로	
▶ 자전거와 보행자가 함께 이용할 수 있는 도로 ▶ 자전거운전자는 특히 보행자의 안전에 주의하여야한다.	

	자전거를 주차할 수 있는 지역
자전거주차장	
▶ 주차장법에 의한 노외주차장에 (광역 및 기초단체장이 설치하는)일정비율 이상의 자전거주차장을 설치하도록 하고 있으며, 공공시설물과 주택단지 등에도 주차장 설치 권장 ▶ 자전거를 도로, 공공장소에 무단방치하여 통행에 방해를 주어서는 안된다.	

	자전거가 길을 건널 수 있는 구역 (타고 건널수 있음)
자전거횡단도로	
▶ 자전거가 일반도로를 횡단할 수 있도록 지정된 도로로서, 자전거를 타고서 횡단한다. ▶ 자전거 횡단도가 없는 경우 도로를 횡단하고자 할 때는 횡단보도를 이용하는데 반드시 자전거에서 내려 끌고 건너야 한다.	

【IPCC보고서 7가지 핵심사항】

1. 지구의 평균온도가 20세기 중반 이후 상승했다는 것은 사실상 명백하다. 1850년에 비해 지구 표면의 온도가 지난 30년간 급격하게 따뜻해졌다. 지구 평균 해수면 높이의 상승률은 지난 2000년 중 가장 높은 것으로 기록되었다. 또한 지난 20년간 빙하의 부피는 엄청나게 줄어들었다. 거의 모든 빙하가 녹고 있고 북극과 북반구의 설원이 줄어들고 있다.

2. 기후변화가 인간의 활동에 의한 것임이 더욱 분명해졌다. IPCC는 보고서를 발간할 때마다 지구온난화의 원인으로 인간의 활동을 지목했다. 과학자들은 기후변화가 인간의 활동으로 야기된 결과일 확률이 95%에 이르는 것으로 내다보고 있고, 그중 화석연료의 사용이 가장 큰 요인이라고 지적한다.

3. 지구는 더욱 심각한 온난화에 직면해있으며, 단기적 기후변화는 장기적 기후변화에 반영되지 않는다. 기후시스템의 자연적 가변성으로 인해 단기간의 관측 자료로 지구온난화 변화의 전체적 추세를 예측하는 것은 불가능에 가깝다. 예를 들어, 지난 15년간 엘니뇨 현상으로 인해 지구 지표온도 상승은 더뎌졌다. 하지만 해빙과 해수면 상승은 가속화되었다. 온실가스의 배출이 장기적으로 지속된다면 지구 표면온도의 상승은 불가피하다.

4. 지구의 표면온도가 1900년 이전 대비 2100년에는 2.7~7.2°C까지 상승할 수 있다. 이러한 온도의 상승은 극도의 무더위와 홍수, 가뭄의 발생 확률을 높이고, 해수면 상승은 해안에 거주하는 수많은 사람들에게 큰 위협이 될 것이다. 지구는 지난 100년 동안 평균 0.74°C가 상승하였고 한반도는 같은 기간 동안 1.5°C가 상승하였다. 배가 상승한 것이다.

5. 해빙속도가 가속화되고 온실가스 배출이 관리되지 않는다면, 2100년에는 해수면이 90cm 이상 상승할 수 있다. 뉴욕, 런던, 상하이 같은 대도시들이 큰 타격을 받을 수 있다. 만약 그린란드의 빙하가 거의 녹는다면 향후 몇 백 년 안에 해수면이 300cm 상승하고, 심지어 천 년 후에는 600cm 이상 상승할 수 있

다. 각국의 정부가 온실가스 배출을 제한하면 21세기 말까지 해수면이 30cm 이상 상승되지 않도록 막을 수 있다.

6. IPCC에서 발표한 기온 및 해수면 상승에 대한 추산치는 적게 예측된 것이다. 약 200여 개 국가에서 수많은 과학자들과 정치인들이 IPCC 보고서를 검토한다. 보고서의 예측 수치들은 기본적으로 소폭 적게 예측되었다. 자국이 받아들여지는 부담을 줄이고자 하는 속셈이 기본적으로 깔려있기 때문이다.

7. 기상이변은 인간 활동에 의해 좌우될 것이다. 대부분 지역에서 더운 날이 많아지고 추운 날이 줄어들며, 무더위가 잦아지고 길어질 것이다. 2100년까지 중간 위도 지방과 열대지방에서는 집중 강우 현상이 더욱 심해지고 짖아질 것이다. 호부와 뉴질랜드를 사이에 두고 적도 부근에 있는 투발루는 사라지고 없을 것이다. 물론 투발루 국민들은 나라를 잃게 되었을 것이다. 무기를 들고 전쟁을 치르지 않고 자연적으로 그것도 스스로가 풍족하게 써보지도 못하였을 것들에 의해서 말이다. 기후변화는 선진국들도 비켜가는 것인가?

3. 자전거 도시 춘천을 꿈꾸는 시민 어형종

어형종
두바퀴로가는 세상 대표
fisher57@hanmail.net

1) 자전거 활동을 시작한 계기

1997년 춘천에서 중학교 체육교사를 시작하면서 평생 자전거 출퇴근을 스스로 다짐하였고 지금까지 하루의 가장 행복한 시간은 자전거 타고 출퇴근이나 장보기, 마실 여행이다. 도시에서 자동차 중심 교통 문화가 발전하면서 건강, 환경, 안전, 생활 문화면에서 학교에서 가르치는 학생들과 춘천의 시민들에게 위협이 되는 요소가 많다는 것을 인지하면서 춘천에서의 생활 자전거 활성화를 위한 활동을 가까운 곳부터 실천하기 시작하였다.

우선 학교에서 학급활동, 자전거 동아리 활동 활동을 통하여 춘천의 자연과 역사, 문화를 공부하면서 자전거로 탐방하기 시작하였고 학생들은 자전거라는 흥미 있는 도구를 활용하여 자기가 사는 춘천을 직접 다니면서 재미있고 건강하게 지역에 대한 공부를 하면서 학창 시절의 추억을 만들면서 애향심을 고취시키는 계기가 되었다. 하지만 자전거 출퇴근이나 학생들과 자전거 활동을 하면서 도심에서 자전거 타는 환경이 점점 어렵고 위험해지는 상황이 되어가고 있었고 생활로서 자전거를 타는 시민들을 보기 어렵게 되었다.

나 혼자 자전거를 열심히 타서 해결되는 문제가 아니라 함께 문제를 인식하고 실천할 수 있는 사람들이 필요하다는 것을 절실히 느끼며 다양한 만남과 조직을 통하여 자전거 활동을 시작하게 되었다.

2) 자전거 활동

1998년 청소년 활동

2007년 두바세 소모임

1997년부터 10년 정도는 춘천 시내의 몇 학교 자전거동아리와 춘천자전거사랑연합회에 참여하여 자전거 교육 및 캠페인, 라이딩등을 하였고 춘천시민연대의 작은 권리 찾는 사람들과 도시의 자전거 시설에 대한 모니터링 활동을 실시하기도 했다.

2009년 크리티칼매스

2009년 자전거 도시 간담회

2007년 초에 춘천의 생활 자전거를 활성화시키고자 '두바퀴로 가는 세상'이라는 소모임을 만들어 10여 명의 시민들과 매월 2회 함께 라이딩을 하며 춘천의 자전거길과 시내 도로를 모니터링 하며 자전거 타기를 즐겼으며 자전거 정책 및 문화에 대한 연구를 하며 대안을 만들어 가기 시작했다. 2012년 무렵까지 두바퀴로가는 세상은 활발한 활동을 전개하였으며 자발적인 시민 자전거 활동의 가능성을 보여 주었으며 기억에 남는 활동을 몇 가지 적어본다.

  첫째, 춘천시 생활자전거 활성화에 대한 조례 제정이다. 두바세(두바퀴로가는세상) 회원 중에 김혜혜 춘천시의원을 중심으로 자전거에 대한 조례를 협의하여 제정하였고 춘천시 자전거 활성화에 대한 단초를 마련했다.

  둘째, 춘천시내 세 개의 중학교를 섭외하여 안전한 자전거 통학을 위한 자전거 학교 프로그램을 구성하여 춘천의 대표적인 동호회 '춘천자전거', '춘천경찰서' 등과 연대하여 진행하였고 자전거 기초 이론, 안전, 기본 수리, 주행 방법을 교육하였고 통학로 모니터링을 실시하였다.

  셋째, 세계적인 자전거 운동인 크리티칼매스 CRITICAL MASS 와 춘천 자전거 축제를 춘천의 다양한 자전거 모임과 연대하여 2008년부터 2년 이상 꾸준히 실시하였고 많은 시민들이 참여하는 자전거 이벤트가 되었다.

  넷째, 이것을 기반으로 춘천 자전거 포럼을 발족시켰으며 춘천의 여러 분야의 시민들이 참여하여 정기적인 포럼, 지자체와 정책 제안과 협의 등을 진행하면서 전문성과 참여의 폭을 넓혀 나갔다. 하지만 2012년 이후로 자전거 포럼의 활동이 조금씩 쇠퇴하기 시작하였고 약간의 휴식기로 접어들었다. 여기까지가 두바세 1기로 생각된다.

2018년 춘천 크리티칼매스

2019년 모니터링 활동

2020년 캠페인 도구 제작

2020년 두바세사협 창립

 이후 2015년부터 두바세는 다시 활동하게 되었고 조금 더 지속적이고 자생력 있는 모임을 구성하려고 생활 자전거를 타는 시민들을 중심으로 활동을 확대하기 시작하였고 2018년까지는 두바세 1기에서 부족했던 조직의 내실을 강화하기 위하여 자전거 활동가들을 양성하고 규합하는데 중점을 두었고 함께 자전거 운동을 실천할 수 있는 사람을 모을 수 있었다.
 두바세의 자전거 운동은 자발적인 참여를 기반으로 춘천을 자전거 도시로 만들려는 다양한 방법과 지속적인 활동을 활발하게 실천해 나아갔다. 자전거 타기를 좋아하는 것과 자전거를 통하여 대안적인 사회를 만들어 간다는 가치를 동시에 인식하고 공감할 수 있는 사람들을 조직하는 것이 지역 생활 자전거 운동의 가장 중요한 요소라고 생각한다.
 소수의 실무자가 준비하고 다수의 사람들을 대상으로 인원 동원하는 방식은 지양하고 함께 준비하고 참여하는 분위기가 될 수 있도록 지속적으로 노력해왔고 진행하는 프로그램마다 자발성과 흥미도가 높았다. 활동가들이 늘어남에 따라 운영위원회와 분과 모임을 구성하여 역할을 분담하고 참여할 수 있는 기회를 보장하였다.

매월 둘째 주 토요일 2시에는 춘천시청 광장에 모여 도심 구간의 도로를 달리는 크리티칼매스CRITICALMASS를 2018년 가을에 다시 시작하게 되었고 지금까지 지속되고 있으며 다양한 자전거 관련 프로젝트와 프로그램을 진행하고 있다. 두바세의 핵심적인 역할을 하는 운영위원은 20여 명으로 확대되었고 1년여를 공부하고 준비하여 2020년에는 두바세 내부 조직으로 두바퀴로가는 세상 사회적협동조합을 만들어 냈고 춘천의 자전거 관련 프로젝트를 실행하는데 전문성을 살려 나가고 있다.

3) 자전거 활동을 하면서 보람 있었던 일들

- 춘천시 자전거 이용 활성화에 관한 조례안을 발의하여 제정하는 역할을 한다.
- 자전거 도시 춘천을 만들기 위해 함께할 시민들과 활동가들을 만나고 조직하다.
- 춘천시 자전거 정책에 대한 지속적인 제안과 모니터링 활동
- 세계적인 자전거 운동 크리티칼매스(criticalmass)인 시민 자전거 대행진의 진행

- 자전거 활성화를 위한 지역 네트워크 구축
- 2018년~2020년 주민주도실험 춘천소셜리빙랩 활동–자전거면 충분하다/ 자탄춘풍
- 2022년 자전거 출퇴근 챌린지
- 춘천 금병초등학교 자전거 등교 프로젝트–자전거 타고 학교 가자.

자전거 등교 프로젝트

자전거 음악회

춘천 역사 라이딩

금병초 등교 프로젝트

- 춘천시민과 함께하는 자전거 학교–지구인 자전거 학교
- 자전거 덕후들과 도시를 바꾸고 싶다–'자전거 좀 타는 사람들' 시민크루 활동

 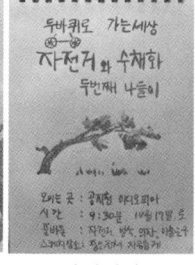 

| 자전거 영화제 | 정모 테마라이딩 | 자전거와 그림 라이딩 | 협동조합 설명회 |

- 시민이 주인공인 다큐멘터리 '자전거 위의 초상 criticalmass' 제작
- 2022년 새로운 형태의 자전거 비경쟁대회 '두바퀴로타봄내' 진행

4) 앞으로 자전거 활동의 목표

| 지구인 자전교 학교 소풍 | 두바세 총회 | 지구인자전거 학교 모집 | 자전거 모니터단 모집 |

- 춘천을 자전거면 충분한 도시로 만들고 싶다. 학생의 안전한 자전거 통학로, 시민들의 편리한 자전거 출퇴근, 자전거 장보기 및 자전거 문화생활의 인프라 구성
- 자전거를 통한 지역의 문화, 역사 탐방 프로그램 완성-두바퀴로타봄내
- 많은 시민이 참여하는 축제 형태의 시민자전거대행진(criticalmass)과 차 없는 거리(시클로비아)의 지속적인 확대

- 자전거 활성화 운동의 네트워크 구성 및 연대 활동 강화

자전거 출퇴근
챌린지

두바퀴로타봄내
비경쟁대회

2022 자전거포럼

자전거 시민
크루 활동

4. 제주를 대표하는 자전거, 푸른바이크쉐어링

김형찬
푸른바이크쉐어링 대표
villim@naver.com

1) 자전거 활동을 시작한 계기

제주에서 태어나 어린 시절을 보냈습니다. 1남 4녀 중 셋째로 태어나 누나, 여동생보다는 동네 친구들이나 형들과 어울리는 걸 좋아했고, 그들과 친하게 지내기 위해서는 자전거를 타야 했기에 자연스럽게 자전거를 배우게 되었습니다.

6학년 때 동네 친구 세 명과 제주도 한 바퀴(234km)를 자전거로 돌겠다고 부모님 허락 없이 집을 나섰다가 너무 힘들어서 반나절 만에 집으로 돌아온 기억이 있고, 이후 정식으로 허락을 받고 매년 도전을 거듭해서 고등학교 2학년에 제주도를 완주한 기억이 있습니다.

대학에 진학하면서 고향 제주를 떠나게 되었고 대도시에서 사회생활을 하다 14년 만에 제주로 돌아왔는데 다시 돌아온 고향에서 제주의 환경적 가치를 그때 서야 알게 되었습니다.

당시(2010년) 제주는 저비용항공사가 생겨나기 시작했고 올레길이 전국적인 유명세를 타면서, 연 500만 명 이었던 관광객이 1천만 명을 향해가던 시기였는데 어린 시절 좋아하던 자전거로 뭔가 의미 있는 일을 해보고 싶어서 자전거 사업을 시작하게 되었습니다.

2) 자전거 활동

저는 자전거를 취미활동이 아닌 비즈니스로 생각했기 때문에 좋아하는 일을 오해하려면 지속 가능한 비즈니스 모델과 수익이 동반되어야 한다고, 생각했습니다. 그래서 가지고 있던 자본금과 경력을 고려해서 작은 실험들을 해가며 조금씩 회사를 성장시켰습니다.

처음에는 남들처럼 자전거 렌탈로 시작했는데 조금 다른 점이 있다면 접이식 미니벨로를 주력 상품으로 하여 여행자들이 자전거를 접어 차에 싣고 다니면서 제주도 어디에서나 자전거를 탈 수 있도록 서비스를 제공했습니다.

2011년 당시에는 처음 시도하는 파격적인 모델이었습니다. 2012년에는 자전거 타기 좋은 5개 마을을 선정하여 마을의 어르신을 직원으로 채용하고 컨테이너 공간과 자전거 10대를 지원하여 렌탈 영업소를 만들어 운영했습니다.

2013년에는 추가로 5개 마을에 무인 렌탈 영업소를 만들었고, 2014년에는 카페, 게스트하우스 사장님들과 협업하여 26개 공유 스테이션을 만들어 운영했습니다. 이러한 인프라와 경험을 바탕으로 2015년에는 자전거 공유앱 개발을 시작하였는데 아이디어는 있었지만 개발할 수 있는 기술력이 없었고 외주로 진행을 하다 보니 자금 부족과 기술개발의 한계에 부딪히게 되었습니다.

쉼 없이 달려온 탓에 지쳐있었고 더 전진할 수도 없는 위기 상황에서 우연한 기회에 초등학교에서 자전거 교육을 하게 되었습니다.

어떻게 아셨는지 '애월초등학교' 교무부장 선생님께서 연락을 주셔서 5학년 20명의 어린이들이 1년 동안 훈련을 해서 제주도를 자전거로 일주하고 싶은데 도와줄 수 있느냐는 전화였습니다(제주에서 처음 시도되는 교육과정이었습니다).

전공인 교육학과 현재 사업인 자전거를 접목한 의미 있는 도전이 될 것 같아 무조건 하겠노라 말씀드리고 학교를 찾아갔습니다.

학교에서도 처음 해 보는 교육 활동이었고, 저도 처음이었지만 제주도 234km를 무사히 완주하는 확실한 목표가 있었기에 서로 힘을 모아 성공적으로 도전 활동을 마칠 수 있었습니다.

애월 초등학교의 성공이 소문이 나면서 여기저기서 같이 하자는 연락이 왔고 저도 모르게 제주에서 믿을 수 있는 자전거 선생님으로 인정받기 시작하였습니다.

애월초에서 뿌린 '제주도 자전거 일주'라는 자전거 씨앗은 이후 역사기행, 우리 고장 알기, 아빠와 자전거로 떠나는 미술 여행, 쓰레기 줍는 자전거 여행 'bike_clean', 제주 자전거 학교 'BY100' 등 수많은 콘텐츠로 발전하게 되는 시작이 되었습니다.

3) 자전거 활동을 하면서 보람 있었던 일들

자전거 교육과 자전거 여행을 주력사업으로 진행하다 보니 1년 동안 진행되는 프로젝트인 경우 가족처럼 친해지는 경우도 있고, 처음 보는 사람들과 어색한 자전거 여행을 해야 하는 경우도 있습니다.

육체적, 정신적으로 힘든 경우도 없진 않지만 매 순간이 감동적이고 보람찬 순간이라고 할 수 있을 것 같습니다.

'푸른바이크쉐어링이 있어서 가능했다'라는 말을 들으면 참

기분이 좋습니다. 애월초등학교는 벌써 8년째가 되었습니다. 이제는 학교의 역사와 전통이 되었고, 투어가 끝나면 아이들은 감사의 편지와 함께 손수 만든 쿠키를 보내옵니다. 또 다른 학교는 아이들이 직접 담근 김장김치를 보내옵니다.

저희 자전거 교육(여행)이 끝나고 아이들이 자전거를 열심히 탄다고 SNS에 올려주시는 부모님들의 사진을 보면 이 일에 큰 보람을 느낍니다.

서로 다른 여덟 가족 아빠와 아이들 16명이 팀을 이뤄 매주 토요일 오후 자전거로 20km를 달려 12주 만에 제주도를 완주하는 프로그램을 3년간 7기수 진행했었습니다. 사춘기 아이들을 대상으로 했던 터라 처음의 분위기는 마치 폭탄 같았습니다. 그러나 12주 동안 자전거 여행을 통해 아빠와 아이들이 서로 친해지고 마지막 주 소감을 말할 때 중2 아들이 아빠 볼에 뽀뽀를 하며 마무리했던 장면은 아직도 잊을 수 없는 순간입니다.

초등학교에 비해 중학교는 자전거 교육기회가 많지 않습니다. 작년 남원중학교를 갔는데 1학년 86명의 학생 중 43명이 두발자전거를 못 타는 상황이었습니다. 학급별 2시간씩 4명의 강사가 투입되어 주어진 시간에 86명 전원이 두발자전거를 성공하게 된 순간도 잊을 수 없습니다.

저희 히트상품 중에 쓰레기 줍는 자전거 여행 '바이클린: bike_clean'이 있습니다. 처음에는 도청의 지원을 받아 무료로 진행이 되었는데 2년 만에 지원이 중단되어 저희도 바이클린을 끝내려 했습니다.

그랬더니 기업과 여행사에서 비용을 지불할 테니 계속 진행해 달라고 해 주셔서 여행상품으로 진행했습니다. 그랬더니 참가자가 오히려 두 배 이상 늘었고 코로나로 잠시 주춤하긴 했지만, 올해부터 다시 문의도 늘면서 참가자가 늘고 있습니다.

자전거 여행 자체 만으로도 환경을 생각하는 의미 있는 활동인데 바다에 버려진 쓰레기를 줍는 활동까지 여행자, 학생 등과 함께 할 수 있어서 큰 보람을 느끼고 있습니다. 덕분에 TV 출연도 많이 했고 환경부 장관상도 수상하는 영광을 누리게 되었습니다.

4) 지금 하고 있는 자전거에 활동들

2019년은 교육과 여행이 너무 많아서 직원들과 돌아가면서 병원(정형외과)을 다니며 치료를 병행하며 일을 해야 할 정도로 행복한 시간이었습니다.

그런데 갑자기 코로나19가 전 세계를 휩쓸면서 저희도 2020년부터 큰 위기가 닥쳤습니다. 학교에 외부 강사가 들어갈 수 없으니 모든 교육이 취소되었고, 단체여행이 완전 중단되면서 할 수 있는 게 하나도 없었습니다.

폐업을 하는 게 당연한 상황이었는데 '위기는 기회다', '넘어진 김에 쉬어가자'라는 생각으로 새로운 일을 준비하게 되었습니다. 오랜 꿈이었던 자전거 학교를 만들기로 하고 행정안전부 지역자산화 지원사업에 지원하여 최종 선정되면서 사업비 융자를 통해 자전거학교를 만들 수 있었습니다.

1년간의 준비와 1년간의 시범운영을 통해 2022년에는 본격적으로 자전거학교를 시작하게 되었습니다.

7년간 자전거 교육을 해보니 학교, 단체, 아동센터 중심으로 이루어지기 때문에 개인적으로는 자전거를 제대로 배우고 싶어도 배울 기회가 없다는 것이 문제였습니다.

두발자전거를 못 타는 학생의 비율도 10%에서 이제는 50%에 이르게 되었고 '기후위기', '탄소중립', '지속가능'을 말하면서 자전거를 타라고 하지만 점점 자전거를 안 타게 되는 문화가 걱정되었습니다. 그래서 자전거 학교를 꼭 만들고 싶었고 누구나 자전거를 배울 수 있도록 맞춤형 프로그램을 개발하였습니다.

자전거 학교는 총 10단계 프로그램으로 운영됩니다.

① 두발자전거 배우기 ② 코스주행 ③ 도로주행 ④ 안전 교육 ⑤자전거 모의 면허시험 ⑥ 마을투어 ⑦ 해안도로투어 ⑧ 1일투어(60km) ⑨ 자전거 기초정비 ⑩ 제주도 234km 일주

자전거 학교뿐만 아니라 수년간 진행해오던 학교 방문교육도 계속됩니다. 자체 프로그램을 같이 운영하는 학교가 올해는 10개로 늘었고, 제주도청, 교육청에서 지원하는 방문교육사업도

무리 없이 진행됩니다.

5) 앞으로 자전거 활동의 목표

저희 목표는 멈추지 않는 것입니다. 빠르진 않더라도 꾸준히 지금 하고 있는 일들을 계속해나가는 것입니다.

'길도 위험한데 자전거를 타야 하느냐'라고 말씀하시는 분들도 계시지만 미래세대가 자전거를 배우고 타고 여행을 한다는 것은 단순한 이동을 하는 것이 아니라 서로 배려하고, 도전하고, 성취하며 체력을 기르고, 환경을 지키는 활동에 참여하는 등 너무 많은 가치를 내포하고 있기 때문에 멈춰서는 안 된다고 생각합니다.

그러기 위해서 많은 우수한 강사진을 만들어 내기 위해 꾸준히 발굴하고 전문기관의 교육을 받아 자격증 취득을 지원하려고 합니다.

특히 현재의 강사진이 다소 연령대가 높은 점을 고려하여 2~30 젊은 강사진 육성에 더욱 신경을 쓰고 있습니다. 다행히 4월에 3명의 20대 강사진이 합류하여 기초 교육을 받고 있는데 아주 열성적으로 임해줘서 제주 자전거 교육의 미래가 아주 밝습니다.

6) 더 하고 싶은 이야기

지금 하고 있는 일을 가만히 보고 있으면 처음에 세웠던 계획대로 진행되고 있는 게 하나도 없습니다. 우리가 계획을 세우는 게 아니라 고객(학교, 선생님, 학생, 여행사, 관광객, 기업, 공무원, 지역사회 등)이 요청하는 일들을 진행하다 보니 그게 프로그램이 되고 상품이 되어 지금까지 오게 된 것 같습니다.

자전거의 가치는 우리보다 고객이 더 잘 알고 있을 것입니다. 다만 그들은 전문지식, 장비, 안전 확보, 운영 경험 등에서 부족함이 있기 때문에 우리에게 경험의 공유를 요청하고 있는 것입니다.

자전거 선생님이라고 해서 일방적으로 가르칠 게 아니라 다양한 사례와 좋은 경험들을 전달하는 것이 더 중요한 역할이라고 생각합니다.

'참 좋은 일 하신다'는 얘기를 많이 듣습니다. 자전거가 좋은 것이니 그 자전거를 가지고 활동하는 저희를 좋게 봐주시는 거라고 생각합니다.

앞으로 자전거 전문인력 양성이 더욱 중요하다고 생각합니다. 엘리트 선수를 지도하는 코치, 감독 육성도 중요하겠지만 전 국민을 대상으로 자전거를 올바르게 가르치는 생활 지도자의 역할도 매우 중요합니다.

강사가 되기 위한 교육 시간을 더욱 늘리고, 교육 내용도 더욱 전문적이어야 하며 시험도 어렵게 하여 자격증의 가치를 높여야 합니다. 그리고 그 자격증은 국가 공인 자격증이어야 합니다. 대신 자격증을 취득한 선생님들께는 충분한 보상과 대가가 지불되어야 하겠습니다. 그래야 청년들이 미래를 걸 수 있는 안정적인 일자리가 될 수 있으며 더욱 우수한 인재들이 많이 도전할 것입니다.

전국의 자전거 선생님들이 열악한 환경에서 자전거에 대한 애정 하나로 오늘도 운동장에서 땀 흘리고 계십니다. 기본적인 매뉴얼은 있지만, 각자의 노력과 노하우로 자전거 교육이라는 역사를 만들고 계십니다.

이 책을 통해 이러한 노하우들이 모이고 하나의 체계로 잡혀 나가기를 바라고 많은 분들이 자전거에 관심을 가지고 생활화하며 자전거 강사라는 직업에도 관심을 가지는 계기가 되기를 바랍니다.

5. 약속의 자전거 이야기

오영열
현) 은평구의회 의원
전) 약속의 자전거 대표
oyy0104@naver.com

1. 자전거는 내 인생의 첫 번째 즐거움이었다

1) 교통비를 아끼기 위해 타기 시작한 자전거

자전거를 처음 접하게 된 것은 내가 유치원 때였던 것 같다. 당시에 같은 동네 사는 친구가 자전거 타는 모습을 보며 무척 흥미를 느꼈고 부모님께 나도 저거 사달라고 때 쓴 것이 자전거의 시작이었다.

그렇게 자전거를 처음 시작하게 되었고 처음에는 탈 줄 몰라 보조 바퀴를 달고 네발자전거를 탔다가 후에 아버지의 지도 아래 넘어지면서 두발을 배우게 되었다.

이후 중학교에 입학하게 되면서 부모님께서는 교통비 및 용돈 명목으로 한 달에 2만 원 정도를 주셨는데 워낙 친구들과 놀기를 좋아하는 성격 때문에 교통비보다는 주로 친구들과 노는데 돈을 더 많이 지출했던 것 같다.

교통비를 아낄 수밖에 없었던 나는 버스 대신 자전거를 선택할 수밖에 없었고, 비록 경제적인 이유일지라도 꾸준하게 자전거를 탔다. 후에 대학입시에 실패하여 재수학원을 다닌 적이 있었는데 집부터 먼 거리임에도 불구하고 계속 자전거를 타고 왕복하였으며 이때는 입시에 대한 스트레스를 자전거를 타며 바람을 가르는 즐거움으로 버틴 것 같다.

이러한 경험을 통해 말로써 표현할 수 없는 것들을 자전거에서 느끼며 나는 점점 자전거와 가까워졌고 나는 좀 더 자전거와 함께 도전을 해보겠다는 결심을 하게 되었다.

2) 무작정 떠난 자전거 국토 종주 길에서 '나' 자신을 찾기 시작하다

시간이 흘러 군에 입대하며 진로에 대한 고민을 무척 많이 했었다. 꿈도 없고 희망도 없었으며 그렇다고 사회가 정한 대로 살기는 또 싫었다.

이처럼 복잡한 생각을 하던 찰나에 첫 휴가를 받게 되고 무엇을 할까 고민 중, 우연히 자전거 국토 종주에 대한 정보를 얻게 되었다. 지금은 꽤 유명하지만, 당시에는 자전거 국토 종주 길이 처음 나오던 시기였기 때문에 도전자도 많이 없었으며 누구에게나 신선한 소재였다.

나는 휴가 때 자전거 국토 종주를 떠나고자 결심을 하게 되고 휴가 첫날, 국토 종주의 시작점인 인천의 아라서해갑문에서 부산 을숙도까지의 도전을 하게 된다. 총거리 675km의 대장정이었으며 지금의 나였다면 전문 장비에 복장, 이것저것 등 챙겼겠지만 당시의 나는 자전거를 탈 줄만 알았기에 빨간 가방에 청바지, 터틀넥을 챙겨입고 공기가 절반 정도 빠진 자전거를 타고 무작정 출발했었다.

몸은 힘들었지만, 정신적으로는 꽤나 즐거웠다. 그동안 자동차를 타고 빨리 달리며 보지 못한 것들이 자전거를 타니 비로소 보이기 시작했다. 밭을 일구는 사람들, 지저귀는 새들, 바람에 흔들리는 나무들의 소리, 가끔씩 고개를 들고 멀리서 쳐다보는 고라니 등 그야말로 나에게는 신세계였다.

오르막길이 나오면 자전거에서 내려 끌고 힘겹게 올라가기도 하고, 내리막길은 신났지만 짧았다. 딱히 어디서 쉬겠다는 계획도 없었기에 국토 종주 첫날에는 숙소가 나올 때까지 새벽녘까지 페달을 밟았던 것 같다.

한번은 주행하다가 펑크가 났는데 주변에 아무것도 없어 낙심하던 찰나 3시간 정도 기다림 끝에 지나가는 트럭에 무작정 손을 들어 도움을 요청해 구사일생으로 살았었고, 한번은 이정표를 잘 못 봐서 길을 헤매기도 했었다.

이렇게 정신없이 주행하다 보니 어느덧 목적지에 도착해있었다. 두 다리로 서 있을 힘도 없고 체력도 다했지만 오로지 '스스로'의 힘으로 목적을 달성했다는 것! 이것은 내 인생에 있어서 가장 큰 깨달음을 얻는 순간이었다.

그동안 타인에 의한 삶을 살아왔을 뿐 혼자 주도적으로 무언가를 시도해본 적이 단 한 번도 없었기에 이번 국토 종주는 내가 앞으로 '스스로' 살아가는 데 큰 도움이 되는 경험이었다고 생각한다. 그리고 이러한 경험이 동시대를 살아가는 많은 사람들에게 필요하다고 생각했기에 나는 앞으로 자전거 전도사가 되어 자전거를 널리 퍼트리기로 결심했다.

2. 자전거 활동을 위한 <약속의 자전거>를 창업하다

1) 자전거 문화를 기획하는 회사를 만들다

자전거를 시민들에게 널리 퍼트리기 위한 큰 고민을 해왔었고 이를 보다 효율적으로 하기 위해 회사를 창업하기로 결심했다. 회사 이름을 고민하던 도중 우연히 읽은 책 '연필 하나로 가슴 뛰는 세계를 만나다'에서 영감을 얻었다.

책의 저자는 전 세계의 교육받기 어려운 학생들을 위해 곳곳에 학교를 설립하기로 결심하였고 그 결과 비영리 단체인 '약속의 연필'을 설립하게 된다. 나 역시 자전거를 전파할 목적이기 때문에 비슷한 이름을 따면 좋겠다 생각하여, '약속의 자전거'라고 회사 이름을 짓게 되었다. '약속의 자전거'는 사람들에게 자전거를 전파함으로써 그 사람의 삶에 조금이나마 좋은 요소를 기여하는 것이 주목표였고 이를 위한 다양한 활동을 하게 된다.

2) 우리나라에는 생소한 '자전거 공방'을 운영하다

회사를 창업하고 처음에는 기존에 있는 매장들처럼 고객 자전거 판매, 수리 등을 하다가 좀 더 참신한 아이디어가 있으면 좋겠다는 고민을 하던 도중 유럽에서는 '자전거 공방'을 통해 시민들과 소통한다는 정보를 보게 되었다.

단순한 시스템이 아닌 시민들과 워크숍도 하고 소통할 수 있는 공간은 문화를 만들기 충분한 요소였으며 국내에도 하나쯤은 있으면 좋겠다는 결심을 하게 되었고 그 결과 자전거 공방을 조성하게 되었다.

　현재 우리는 회원제 형태로 운영하고 있으며 회원가입을 하면 공방 내 비치되어있는 공구, 장비, 중고 부품 등을 무료 또는 저렴한 비용에 사용할 수 있다.
　회원들은 자기 자전거를 스스로 수리할 수 있으며 필요시 정비반을 개설해 회원들에게 교육을 진행하기도 한다. 이와 같은 공방 운영을 통해 현재 많은 시민과 소통하고 있으며 앞으로 공방을 더욱 활성화하고자 한다.

3) 자전거 장기대여 시스템을 개발

　자동차에 리스가 있는 것처럼 자전거에도 리스가 있으면 좋겠다는 생각으로 장기대여 시스템을 개발하였다.
　1달에 최소 1만 원부터 5만 원까지 다양한 가격이 존재하며 해당 비용만 지불하면 집에 놓아두고 타도 된다. 또한 이 시스템의 멋진 점은 바로 대여용 자전거들 모두 사회에서 버려지는 자전거를 되살려 사용한다는 점이다.
　국내 방치 자전거 통계치가 정확한 것은 아니지만 서울의 경우 연평균 2~3만 대 정도로 나타나고 있으며 실제 이보다 더 클 확률이 크다. 이러한 방치 자전거들을 해결하기 위해 지자체에서는 수리 후 재판매, 기증 등을 하고 있지만 다시 버려지는 경우가 무척이나 비일비재하다.

보다 효율적인 해결책을 찾기 위해 장기대여 시스템을 개발하게 되었으며 국내 방치 자전거 문제 해결에 기여는 물론 이용자들에게도 큰 각광을 받고 있다.

4) 다양한 교육과 행사 기획

시민들에게 보다 자전거에 대해 알리고자 자전거 관련 다양한 교육을 시행하고 있다. 첫째로 〈자전거 정비사 자격증반〉의 경우 자전거 자격증 취득을 목적으로 운영하고 있으며 여러 지자체에서도 문의가 많이 오는 교육이기도 하다.

주목적의 경우 자전거 관련 업종으로 취창업을 위함이나 실제 수요층들의 경우 개인 자전거 자가 정비를 위해 오시는 경우가 더 많다.

둘째로 〈자전거 리사이클링 교육〉의 경우 방치 자전거를 되살리는 과정을 프로그램화하여 교육하는 형태인데 주로 지역 학교, 복지관 등과 연계하여 학생들과 함께 진행하고 있다.

셋째로 〈자전거 타는 법〉 교육을 하고 있으며 못 타는 분들을 위한 클래스 형태로 운영하고 있다. 생각보다 수요가 많아 연평균 600~700명 대상으로 교육을 시행하고 있으며 앞으로도 수강생들은 계속 증가할 전망이다.

행사의 경우 주로 지역 주민들과 함께 즐길 수 있는 축제 및 대행진을 기획하고 있으며 특히 사회적 문제와 자전거를 결합하여 알리고자 해결하려 하는 〈소셜 라이딩〉을 진행하고 있다. 대표적으로 세월호 추모 라이딩, '위안부' 피해 할머니들을 위한 나눔 라이딩 등을 진행하였으며 앞으로 이와 같은 형태의 라이딩을 지속적으로 진행하고자 한다.

3. 자전거 활동을 하면서 보람 있었던 일들

1) 100km 프로젝트를 통해 삶을 변화시킨 학생들

사업 초창기 시절에는 100km 프로젝트라는 장거리 라이딩 도전 프로그램을 운영하고 있었는데 핵심은 앞서 나 자신이 경험했던 '스스로'의 힘을 참가자에게 깨우치게 하는 것이 목표였다. 하여 참가자를 받고 교육을 진행한 뒤 장거리 라이딩에 도전하였으며 특히나 많은 청년이 참가하기를 희망했다. 이 중 가장 기억에 남는 것이 있었는데 그것은 바로 한 여학생의 사연이다.

당시에 20대 초반이었던 학생이었는데 무언가에 대해 도전하고자 할 때 두려움이 많아 항상 시도하지 못하고 포기하였다고 하였으며 그 두려움을 깨기 위해 100km 프로젝트에 도전장을 내밀었다고 한다.

당시 기억으로 그 여학생은 남들보다 많이 힘들어하고 지쳐하였으며 심지어는 중간에 울기까지 했다. 참가자들을 이끄는 나의 입장으로서 대신 달려줄 수도 없는 노릇이고 오로지 말로 '포기하지 말라'를 외칠 수밖에 없는 상황이었다.

자전거를 타고 장거리에 도전한다는 것은 오로지 자신과의 싸움이고, 나는 그저 옆에서 함께 달려줄 수 있는 것이 전부이기 때문이다. 그렇게 시간이 흘러 10시간이 지난 결과, 마침내 그 학생은 무사히 완주할 수 있었다.

누군가에게는 느려 보일 수도 있지만, 그 학생에게는 자신이 정한 목표치에 오로지 자신만의 힘으로 도전한 것이기에 큰 의미가 있었을 것이다. 이후 해당 학생이 자신의 SNS에 자전거 장거리를 통해 무언가에 도전하고자 할 때 나타나는 두려움을 이겨낼 힘을 얻을 수 있었으며 앞으로 무언가 두려움이 생기면 자전거를 타며 100km 프로젝트를 회상하겠다고 글을 남겼다.

그 글을 보며 내가 하는 일이 단순히 돈을 버는 것 이상으로 누군가의 삶에 영향을 끼쳤다고 생각하니 스스로 가슴 벅차고 기뻤다.

4. 자전거 정책을 개선하기 위해 정치에 도전하다

회사를 창업한 이후 자전거 이용 활성화를 위해 다양한 활동들을 해왔고 이러한 가치들은 충분히 존중받고 박수받을 일이라 생각한다. 하지만 보이지 않는 벽이 있었는데 그것은 바로 국내 자전거 정책이었다. 아무리 민간 영역에서 열심히 하더라도 결국 정책이 바뀌거나 개선되지 않는다면 자전거 이용 활성화는 정말 먼 이야기가 될지도 모른다는 생각이 들었다. 그렇게 고심 끝에 필자는 직접 정책을 변화시키고 기존의 조례를 기반으로 하여 자전거 활성화 정책을 펼치기 위해 정치에 도전하기로 결심하였다.

그렇게 해서 필자는 2022년 7월 1일부터 은평구의회 구의원으로서 임기를 시작하게 되었다. 임기 시작과 동시에 자전거 관련 부서와 여러 차례 미팅을 진행하기도 하였으며 모아두었던 해외사례들을 국내에 도입하기 위한 준비를 진행 중이다.

또한 첫 번째 구정질의로서 '은평구 자전거 활성화 정책'을 주제로 구청장에게 다양한 질의를 하기도 하였다. 이를 통해 관내에 '자전거 교통안전 체험장' 추진 계획과 거치대 증설 등에 대한 답변을 받기도 하였다.

앞으로 꾸준한 활동을 통해 은평구 지역부터 변화시키고 이후 서울, 수도권, 그리고 언젠간 우리나라 전체의 자전거 정책에 변화를 줄 수 있는 그러한 정치인이 되고자 하니 많은 기대와 응원을 부탁드린다.

5. 앞으로 자전거 활동의 목표

앞서 언급한 것처럼 나는 자전거를 통해 우리나라의 모든 사람들이 자신의 삶에 조금이나마 긍정적인 영향을 받았으면 좋겠다는 목표가 있다. 한 통계치에 의하면 유럽 사람들이 자신들의 삶에 대한 만족도 순위를 뽑았는데 그 1순위가 자전거라고 하니 분명 우리나라 국민들의 삶의 질을 높이는 데도 큰 도움이 될 것이다. 하여 이를 위한 나의 목표치는 다음과 같다.

첫째, 다양한 자전거 활동을 통해 시민들에게 자전거와의 접점을 많이 만들어 주는 것이다. 이를 위해 앞서 언급했던 자전거 교육, 행사, 대여 등을 더욱 많은 사람이 접할 수 있도록 확장하고자 한다.

둘째, 시민들이 안전하게 자전거를 타기 위한 정책을 만들고 개선하고자 한다. 2105년 기준으로 OECD 가입국 중 우리나라가 자전거 사고 사망률 1위를 달성할 수 있을 정도로 매우 심각한 상황이며 우리나라 전체 중 자전거 전용도로는 25% 정도만 존재하기에 사실상 자전거를 안전하게 달리기가 위험한 상황이다. 하여 이를 개선하기 위해서는 회사와는 별개로 목소리를 낼 필요가 있으며 우선적으로 나 스스로가 자전거 전문가가 되어야 한다고 생각한다.

해외의 좋은 사례들을 지속적으로 연구하고 있고 이를 발판으로 여러 지자체의 자전거 정책 자문위원으로서 조금씩 활동하고 있다. 앞으로도 다양한 곳에서 목소리를 내며 자전거 타는 사람들을 위한 좋은 환경을 만들고자 한다.

물론 마이크를 잡는 시간만큼 자전거 타는 시간이 줄어들 수도 있겠지만 많은 사람들이 자전거를 타며 행복할 수 있다면 그것으로 만족한다.

6. 자전거 관련 업종을 생각하는 사람들에게 대한 조언

자전거 회사를 운영하면서 많은 고난과 역경들을 이겨내 왔고 이러한 활동을 통해 경험했던 내용을 공유하고자 한다. 지극히 개인적인 의견이니 참고 정도로 해주시면 좋을 것 같다.

1) 자전거 매장 운영 준비

자전거 관련 업종을 고민하는 사람들의 대다수는 바로 자신만의 매장을 차리는 것이다. 하여 매장을 차리기 위해 필수조건은 아니지만, 자전거 관련 자격증을 취득하는 것을 추천하며 1급, 2급이 있지만 무조건 1급을 취득하는 것이 좋다.

참고로 모든 자전거 정비 자격증은 국가 공인은 존재하지 않고 민간자격증만 존재하며 각 학원마다 교육 기간, 비용 등 모두 차이가 있으니 자신에게 맞는 시간대로 잘 알아보고 선택하는 것을 추천한다. 보통 한 달 정도의 수강 기간이 있으며 이후 필기, 실기 시험을 통과해야만 자격증 취득이 가능하다.

자격증을 취득했다면 매장을 차려야 하는데 두 가지 선택지가 있다. 첫째는 큰 자전거 회사의 대리점으로 들어가는 것, 둘째는 개인 매장을 차리는 것이다. 둘 중 뭐가 좋은지 물어본다면 사실 비슷하다.

예전에 개인 매장을 차리면 부품 공급이 어렵기도 했는데 근래에 들어서는 자전거 부품 거래회사가 많아졌기에 무척이나 쉬워진 것은 사실이다. 하여 마음 편히 선택해도 좋을 것 같다. 다만 고급 브랜드 매장의 경우 고난도의 기술력을 요구하기 때문에 정비 초보자일 경우에는 좀 더 시간을 두고 창업하는 것을 추천한다.

2) 매장 운영의 노하우

- 운영시간 : 자전거의 경우 국내에서는 계절 장사이기 때문에 성수기, 비수기로 나뉜다. 성수기는 보통 3월~10월이고 비수기는 11월~2월이다. 하여 성수기 때는 보통 평일에 한 번 쉬고 주말 포함해서 운영하는 곳이 많으며 비수기의 경우 운영시간을 단축하거나 심지어 문을 닫는 곳도 많다. 자전거는 말 그대로 성수기 때 바짝 버는 것이 좋다. 비수기의 경우 오버홀(전체 분해 및 세척)을 통해 수익을 발생시킬 수도 있으니 참고하면 좋겠다.

- 주 수익 : 자전거 매장을 통해 비는 수익은 수로 정비와 판매이다. 정비의 경우 생활 자전거, 고급 자전거로 나뉘는데 생활 자전거의 경우 부품 및 공임비가 좀 낮은 편이며, 고급 자전거는 반대로 높은 편이다. 정비 방식의 경우 오히려 고급 자전거가 더 쉬우나 다만 일반 학원에서는 기술력을 배우기가 어려움으로 유튜브, 지인 등을 통해 기술력을 습득하고 이후에 정비하는 것을 추천한다.
판매의 경우 자전거 매장에서 실질적으로 가장 남는 것이 많다고 볼 수 있다. 다만 가격이 낮은 자전거일수록 마진율이 낮고 가격이 높을수록 마진율이 높다. 정해진 수치는 없지만 보통 전체 가격의 30% 정도가 마진이라고 생각하면 된다.
다만 예전에는 고객이 방문하여 아무 자전거를 선택하는 경우가 많았지만 근래에는 고객도 방문 전 사전 정보를 조사하고 오는 경우가 많기 때문에 감언이설보다는 있는 그대로 솔직하게 말하고 설득하는 것을 추천한다.

- 기타 수익 : 앞서 언급한 정비, 판매 외적으로는 자전거 세차기, 로라방 운영 등이 있다. 세차기의 경우 주로 셀프세차가 많은데 특히 성수기 때는 이용률이 높다. 로라방의 경우 '자전거 실내 트레이닝 공간'이라 보면 되는데 요새는 매장 내에서 기존 사업과 병행하며 시행하는 경우가 많아졌다. 로라방의 경우 고급 자전거 이용자들에게 인기가 많으니 참고하면 좋을 듯하다.

3) 기타 자전거 직업
- 공공 자전거 정비사 : 근래 지자체에서 운영하는 공공 자전거 수가 증가하면서 이를 관리할 수 있는 인력을 충당하고 있다. 시간이 지날수록 각광받는 직업 중 하나이다.

- 자전거 행사 기획 에이전시 : 국내에서는 여러 지역에서 그란폰도라는 자전거 대회가 많이 개최되고 있으며 행사 관련 모든 것을 맡을 수 있는 전문 업체들이 증가하고 있는 상황이다.

- 자전거 선수 : 자세히 알고 있는 분야는 아니지만 보통 청소년 시절부터 자전거 관련 학과가 있는 곳으로 진학 후 선수의 길로 향하는 것으로 알고 있다. 물론 성인 이후 일반인들도 도전할 수 있지만 진입하기는 쉽지 않다.

6. 대구 상리 자전거 교육장 운영

배태용
대구상리자전거 교육장
minephoto@hanmail.net

　자전거와 같이한 삶이 벌써 20여 년을 넘고 있어, 10년이면 강산도 변한다는데 참 오랫동안 한자리를 차지하고 있어 감회와 부끄러움이 교차합니다.
　젊은 시절 필름 카메라에 빠져 20여 년을 보내고, 어느 유치원 원장님의 우리 원생들 자전거 탈 만한 곳을 좀 알아보았으면 하시는 말씀이 내 운명을 자전거로 발 닿은 시초가 아닐까? 옛 생각이 나네요.
　당시엔 인터넷 동호회가 활성화된 시기인지라, 자전거 타기를 즐겨한 친구의 도움으로 다음 '아마추어 자전거 여행'에 가입하여 원장님의 부탁을 풀어볼 심정인데, 그냥 막연히 알던 내 상식의 자전거 아니네…
　자전거는 차다, 도로에서 자전거 타면 된다, 유아에게 자유로이 자전거 탈 공간을 알아보던 나는 이때부터 회원과 어울리며 자전거의 매력에 빠져듭니다.
　자유로운 동호회 활동 중 시민단체 사)자전거 타기 운동연합

대구본부에 가입하고, 대구시와 자전거 행사 및 정책을 공유하며 강습을 겸하고 더욱 활동에 치중하니, 참여정부 시절 자전거 전도사인 박찬석 국회의원(이때 국회 자전거 출입 문제, 국정질의를 통해 자전거인의 역할과 가능성을 보여줌)의 배려와 기대에 대구 신천변에 번듯한 자전거 교육장을 가지게 되었고 수많은 자전거 제자를 양성합니다.

지자체가 직영으로 운영하는 1호 대구 서구 상리자전거 교통안전 교육장에 강사로 초빙되어 오늘까지 20여 년의 경험을 가진 강사로 1등 강사로 인정을 받고 있습니다.

지금도 지역마다 자전거 교육장이 있어 민간위탁을 하든, 직영 운영을 하는 곳이든 각 교육장의 특성에 맞게 운영하면서 어려움과 교류가 없어 나름의 답답함도 있지요.

개인적 생각은 자전거 강습 내용의 몇 가지 기본 틀을 가지고 운영해야 전국 공통 교재로 지역마다 특징을 심어 임하면 정부에서도 자전거를 대하는 태도가 달라질 수 있지 않을까?

현재까지는 성인교육에 치중했다면 이젠 처음 자전거를 알게 된 유아, 청소년 자전거 강습에 관심을 들여 미래세대의 친환경 교통문제의 답을 자전거를 통해서 풀고 싶네요.

대구상리 자전거 교육장 소개

 자동차 산업이 전 대구는 자전거 부속 생산업체가 많았고, 전국 최초로 지자체에서 직영 자전거 교통 교육장을 가진 곳이 대구 서구청이다.
 교육장이 생긴 이후, 타 도시(통영, 진주, 울산 등 10여 도시) 견학을 다녀간 곳이다.
 지금도 자전거 교육장은 큰 강 주변이나 체육관 근처 평지에 설치하는데, 상리 교육장은 예전 군부대에서 아파트로 개발된 산 아래 위치한 공원의 일부 지역으로 위치와 주변 여건은 만족

할 만하다.

　12년 전, 상리 교육장 처음 시작은 여성 자전거 교실을 운영하여 주변 인지도와 자전거 동호회를 운영하였고 대구 자전거 행사 및 전국, 외국 투어를 통해 홍보 활동과 안전 캠페인을 실시 자전거의 교통의 역할과 활용성 확대에 힘을 기울이며, 현재는 22년은 청소년, 유아 안전 교육을 통해 자전거의 안전을 부각하는 강습 중입니다.

　겨울철 강습 비시즌은 '자전거 응급처치술' 강습받은 교육생이 자전거 이용 시 불편을 느낄 수 있는 바퀴의 펑크 대처법, QR 레버가 장착된 바퀴 착탈 법, 자전거 속도계 사용법 등을 실내 체험, 반복 실습으로 능숙하게 대처를 꾀합니다.

　최근엔 유아시설(유치원, 어린이집) 단체 안전 교육 문의가 많으며, 간략하게 자전거 이용 수신호 방법, 횡단보도 자전거 이용방법, 자전거 안전하게 타기와 같은 올바른 자전거 문화가 구축되도록 미래세대 어린이에게 교육장 공간을 활용합니다.

　향후, 주중에만 이용되는 공간을 주말에도 강습을 개설하여 직장인이나 자전거를 이용하기 편한 안전한 공간, 상리자전거 교통안전 교육장으로 개방하여 많은 주민, 시민이 이용하며 다양한 교통시설(전동 공유 킥보드, 공유 자전거…) 이용방법을 개설하여 건강한 교통 문화가 되도록 노력할 것입니다.

〔상리자전거 교육장 운영 시간표〕

시간 구분	시작 시간	운영 시간	비고
오 전 반	매주 오전 10시	2시간	생활기초반 매월 1, 2주 운영
오 후 반	매주 오후 2시		생활연수반 매월 3, 4주 운영
직 장 반	7, 8월 오전 7시		건강기초반 매월 1, 2주 운영
청소년반	7, 8월 오전 10시		건강연수반 매월 3, 4주 운영
정 비 반	1, 2월 오후 1시		

부록 3. 전국 자전거 관련 전문 직업

1. 사이클 주행 분석 전문가
2. 한국 사이클 의류에 대한 도전과 성공
3. 작지만 알차게 운영되고 있는 키클로스
4. 서라 서동명 - BMX 전도사

1. 사이클 주행 분석 전문가

박주혁

박주혁 프로
76084468@naver.com

1) 자전거 활동을 시작한 계기

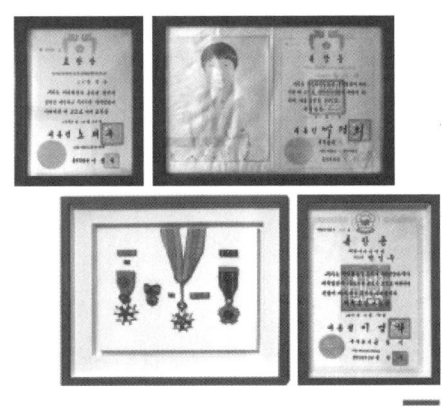

사이클 국가대표 감독 출신의 아버지

　　국가대표 사이클 지도자 출신의 아버지 영향이 컸습니다. 중학생 시절 100m 달리기를 18초를 뛰었을 만큼 운동신경이 좋지 않았습니다. 피는 못 속인다는 말이 있듯이 자전거 타기는 동네에서 잘 타는 편에 속했습니다. 좋아하는 놀이가 자연스럽게 직업이 되는 수순이 되지 않았나 생각됩니다.

엘리트 사이클 선수로 활동하면서 경쟁에서 후퇴되는 상황에 은퇴 후를 고민하게 되었고, 일반인들에게 효율적인 주행방법을 알리고자 2013년 대한민국 최초의 사이클 아카데미를 설립하여 지금까지 자전거 교육 지도자로서 활동하고 있습니다.

1996년 사이클 선수로 입문해서 2020년까지 엘리트 사이클 선수로 활동하였고, 지금은 사이클링은 연구하는 연구자로 나아가고 있습니다.

2) 자전거 활동

엘리트 선수가 아닌 동호회에 처음 나갔을 때 제 자전거 인생에 큰 전환점이 되지 않았나 생각됩니다.

정확하지는 않지만 아마 2004년이었던 걸로 기억합니다. 처음으로 도싸라는 오프라인 모임에 참석하게 되었는데 당시 리더분께서 제 주행 자세를 보시고 "중학교 때 사이클 선수했나 보네? 라는 말씀을 주셨습니다. 웃음을 꾹 참고 같이 라이딩을 했던 기억이 납니다. 동호인과 첫 라이딩에서 아마도 열정이 높은 동호인들에게 제대로 된 사이클링에 대한 교육이 필요하다고 느꼈는지 모르겠습니다.

사이클 아카데미를 시작하면서 효율적인 주행에 관하여 무료로 강의도 하고, 라이딩도 하면서 개인적으로 많은 성장을 하게 되었습니다. 감이 아닌 근거로 설명하기가 쉬운 일은 아니었기 때문에 지속적으로 공부하는 것이 일상이 되었고, 시행착오를 겪으면서 사이클에 대한 지식을 넓히고, 정립하는 시간을 갖고 있습니다.

대한민국 최초의 사이클아카데미

　유튜브를 통하여 더 많은 라이더와 소통을 하며 제 생각을 공유하면서 더 정확한 정보를 제공하고 싶다는 생각이 들었습니다. 마침 좋은 기회에 3D 동작분석 장비로 정확한 움직임을 분석할 수 있는 회사로 입사하게 되었고, 매우 유의미한 결과물이 나오고 있습니다.

　이러한 활동 때문인지 자전거에 관련된 단체, 위원회 등 많은 곳에서 함께 하자는 제의도 주셔서 대한민국 자전거 문화 발전에 조금이나마 힘이 되고자 즐거운 마음으로 활동하고 있습니다.

3) 자전거 자세 분석

　우리가 어떤 일을 하던 가장 중요한 것은 기본기일 것입니다. 사이클링을 전문적으로 교육하는 사람으로서 주행 자세는 기본기를 의미합니다. 안타깝게도 사이클 종목은 메커니즘이 정립되어 있지 않습니다. "사이클링 메커니즘"사이클 전문가들이 앞으로 만들어가야 할 숙제이기도 합니다. 사이클링 메커니즘 중 제가 주장한 내용은 사이클링 근전환입니다.

로드바이크를 타는 목적은 "부상없이 적은 힘으로 빠르고, 멀리 가는 것"이라고 생각합니다. 때문에 다수의 라이더는 효율이라는 단어를 매우 많이 사용하는 것을 볼 수 있습니다.

한 가지 주행 자세와 페달링만으로는 지속적인 자극이 특정한 곳에 집중될 수밖에 없으므로 트러블이 만들어질 확률이 매우 높습니다. 주행 과정에 운동 강도, 환경 등 어떠한 요인에 의해 라이더는 주행 자세를 변경하여 근육의 피로를 줄이고 관절을 보호할 수 있어야 하는데 이러한 과정을 사이클링 근전환이라고 표현합니다.

운동에 정답은 없다고 하지만 오답은 있습니다. 주행 목적과 부합하지 않은 자세는 라이더에게 여러모로 도움이 되지 못합니다. 따라서 자전거 자세는 환경적 요소에 따라 달라져야 하고, 라이더는 이러한 변화에 적절하게 대응할 수 있는 트레이닝이 필요한 것입니다.

라이더의 체형, 자전거 구성, 클릿 슈즈의 교집합은 효율적인 주행에 큰 도움이 되기 때문에 신중하게 선택하는 것을 추천합니다.

4) 지금 하고 있는 활동들/결과

　3D 영화 및 게임의 활성화로 3D 모션 캡처를 활용한 동작 분석이 활발하게 이루어지면서 스포츠에도 적용이 되고 있습니다.

　초정밀 분석 시스템을 통하여 미처 발견하지 못했던 동작들을 찾아내 맞춤형 솔루션을 제공하는 시대에 이르렀고, 사이클 종목에 적용된 분석 시스템으로 사이클링 메커니즘을 만들어가고 있습니다.

　이렇게 만들어진 메커니즘이 자전거를 즐기는 라이더에게 도움이 될 수 있도록 다양한 데이터 확보에 주력하고 있습니다.

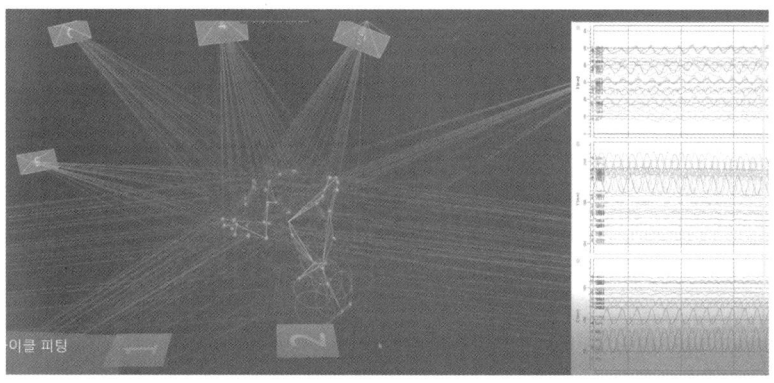

　엘리트 사이클팀과 업무협약으로 피드백을 주고받고 있으며, 서울시 철인3종 협회 사이클 분과 의원으로서 충분한 역할을 하기 위해 노력 중입니다.

5) 앞으로 자전거 활동의 목표

자전거를 사랑하는 많은 분들과 대한민국 국민이라면 누구나 자전거를 안전하게 효율적으로 즐길 수 있는 환경을 만들기 위해 노력할 것입니다.

2. 한국 사이클 의류에 대한 도전과 성공

김수현

로드블리스 대표
awdxzs77@naver.com

1) 자전거 활동을 시작한 계기

2013년 고급 자전거를 타기 시작하였을 때, 국내 자전거는 퀄리티의 제품이 없었습니다. 또한, 수많은 품질 이슈를 낳으며 국내 자전거 의류에 대한 인식이 좋지 않았습니다. 그로 인하여 사이클 의류 제품에 도전하게 되었습니다.

2) 자전거 활동들/자전거 코스 개발 및 보급

- 지리산그란폰도
- 섬진강희망랠리
- 홍천그란폰도
- 수월재힐클라임
- 섬섬여수그란폰도

자전거를 타기 시작하면서 이형모의 행복 나눔 라이딩을 접하면서 자전거가 좋아지게 됐습니다. 구미의 다문화 가정 그리고 강릉의 보육 시설에 1년에 한 번씩 기부금 전달하러 가는 것이 보람되었습니다.

2016년 지리산 그란폰도를 시작으로 섬진강 희망 랠리 자전거 대회까지 대회를 꾸준하게 준비하다 보니 자전거 코스 개발 및 라이더들이 무엇을 원하는지 알게 된 계기로 활동을 하고 있습니다.

3) 자전거 유니폼 종류 및 취향

- 져지
- 빕숏
- 원피스(스킨슈트)
- 바람막이
- 재킷
- 기타 액세서리

취향이라는 것은 현 시장에 너무 많은 제품이 나와 있기도 하고 또한, 개인의 성향이 반영되기에 모든 취향을 만족시킬 수 없습니다. 그러기에 로드블리스는 많은 제품을 만들기보다는 소량의 여러 디자인과 착용 시 편안함을 만드는 것을 선호합니다.

　처음 시작할 때만 해도 많은 해외 브랜드도 없었고, 국내 브랜드는 인지도도 없을 때 시작했지만 현재는 너무나 많은 해외 브랜드와 국내의 수많은 업체가 있기에 소비자들이 좋아하는 색을 찾아가는 듯하며 제일 중요한 건 정말 좋은 옷을 만들어야 한다는 생각입니다.

4) 지금 하고 있는 활동들

- 팀복 제작
- 자전거 대회 기획 및 운영
- 지역 자전거 행사 활성화
- 국내 철인3종에 대한 홍보

　자전거 대회를 만들고 자전거 행사를 진행하고 다른 대회들의 챔피언 져지를 만들어 드리고 있으며 현재는 철인3종 대회 운영까지도 운영진으로 열심히 준비하고 있습니다. 국내의 수많은 팀복을 만들어 납품도 하고 있습니다.

5) 앞으로 자전거 활동의 목표

꾸준하게 자전거를 타며 제품 개발을 멈추지 않을 것이며, 더 나은 자전거 대회 문화를 만들어 가고 싶은 것이 가장 큰 목표입니다.

국내에서 진행되는 자전거 대회들이 아직 인식이 부족하기에 우리나라도 언젠가는 뚜르 드 프랑스처럼 국민들이 호응해 주고 응원해 주는 그러한 대회 문화가 만들어지는 걸 위해 노력하는 한 사람이 되고 싶습니다.

6) 기타

라이더분들을 위해 더 나은 문화를 만들기 위해 노력한 사람이라는 타이틀 한번 가져보고 싶네요. 열심히 하겠습니다.

3. 작지만 알차게 운영되고 있는 키클로스

박선영
키클로스 대표
truebike@daum.net

1) 자전거 활동을 시작한 계기

-자전거 매장

처음 외삼촌이 운영하는 자전거 매장에서 5년 정도 일하게 되었고 외삼촌의 소개로 서울 삼풍백화점에서 자전거 매장에서 근무하고 있었는데 1995년 아쉽게도 삼풍백화점이 무너지는 바람에 갑자기 직업을 잃게 되었는데 우연한 기회에 범국민자전거생활진흥회 (現)자전거21과 인연을 맺어 20년 동안 근무하게 되었다.

2) 자전거 활동

교육 사업팀장으로 자전거에 관한 다양한 업무를 하게 되었는데 이때의 다양하게 경험했던 업무들이 나를 새롭게 하는 계기가 되어서 지금도 마음속으로 감사하게 생각한다.

- 회원관리

회원들은 40~60대의 중년 여성들로 처음에는 자전거를 타지 못하는 회원들이 교육을 통해서 초급, 중급, 상급 교육을 담당하게 되었고 회원들은 자전거 활동을 통해서 건강을 찾으면서 활력을 얻게 되면서부터 활동에 참여하는 회원들이 많아지게 되었다.

- 자전거 체험활동

매주 일주일에 한 번은 정기활동으로 서울시 한강 주변을 자전거로 체험활동을 하였는데 그동안 한강도 많은 변화가 생기게 되었는데 특히나 자전거를 타는 시민들이 점점 늘어가는 걸 느끼게 된다.

- 자전거 국토순례

매년 여름/겨울방학을 이용하여 청소년 자전거 국토순례를 떠나게 되는데 제주도는 3박 4일 전국은 6박 7일에 걸쳐서 다녀오게 되는데 20년 동안 62차에 걸쳐서 전국을 24,400km를 총괄 진행으로 다녀오기도 한다.

힘은 들었지만, 자전거로 전국을 누비게 되니 주위로부터는 걸어 다니는 내비게이션이라 불리게 되었고 이제는 어디를 가더라도 두렵지 않고 새로운 곳을 가게 되면 차후에 어떻게 진행할 건가에 대해서 자신이 생기게 된다. 국토순례는 초등학년 4학년부터 시작을 했는데 이제는 그때의 학생들이 성인이 되어 만나는 모습을 볼 때 시간이 많이 흘렀다는 걸 느끼게 되고 보람되기도 한다.

- 자전거 문화 탐방 지도 제작

전국 자전거 체험활동의 기회로 하천 및 강 자전거 길 계발 및 안내지도 제작 참여 및 주관(홍천강, 경안천, 오산천, 섬강, 평창강, 한탄강, 발천, 내성천 등) 했는데 그동안 모르고 있던 곳을 알게 되었고 차후에 회원들과 함께 체험활동을 할 수 있기에 도움이 되었다.

- 해외 자전거 투어

1년에 한 번은 외국의 자전거를 체험할 수 있는 기회로 유럽(독일, 스위스, 네덜란드, 프랑스, 노르웨이, 스페인, 포르투칼, 체코, 벨기에), 아시아(일본, 뉴질랜드, 사이판, 대만, 중국, 몽골) 등 그동안 세계 20여 개국을 다녀오기도 한다.

처음에 해외 자전거 투어를 하려면 먼저 나라를 선택해서 여행사와 미팅 후 코스 및 프로그램을 어떻게 진행할 것인가 생각을 하게 된다. 유럽은 10박 11일 정도, 아시아는 4박 5일 정도로 진행된다. 자전거를 하면서 외국을 나갈 수 있다는 주위의 부러움을 사기도 한다.

3) 50대 중반 독립하며 키클로스를 운영하게 된 계기

20년 정도 근무하게 되면서 앞으로 미래에 내가 해야 할 역할에 대해 다시 한번 생각하게 되었고 이제는 또 다른 미래를 위해서 2020년 1월에 독립하게 되었다.

키클로스(Kyklos)는 그리스어로 원, 바퀴를 뜻하는 용어로, 자전거가 두 바퀴를 상징하니까 안전한 자전거 문화 정착의 의미로 존경하는 김태진 단장님께서 이름을 지어 주셨다.

- 대표가 된 느낌

그동안 나를 믿고 따라온 회원들에 대한 보답으로 자전거로 맺은 인연들을 끝까지 지키기 위해서 독립을 하게 되었고 이제는 내가 대표로서 책임감을 느끼게 된다.

4) 지금 하고 있는 자전거의 활동들

- 키클로스 운영

일반 시민들에게 자전거 정비 및 안전하게 자전거를 타는 걸 알려 주면서 점차적으로 찾아오는 손님들이 늘어나고 있다.

- 회원활동 및 체험활동

회원들 활동은 보통 50명 정도로 매주 화요일에 한강 둔치에 모여서 정기활동을 하고 매월 1회 목요일 정도에 전국을 대상으로 자전거 체험활동을 하고 있다.

- 자전거 안전교육

서울시에서 주관하고 있는 서울시민 자전거 정비교육 및 지도자 양성과정에 강사로 활동하고 있고, 광나루 자전거 공원에서 실시하고 있는 자전거 안전교육과 어린이 자전거 안전교육을 실시하고 있다.

- 자전거 지도자 교육

서울시에서 주관하고 있는 지도자 양성과정에서 정비를 강의 및 실기시험 감독관으로 진행하고 있다.

5) 앞으로 자전거 활동의 목표

시민들이 자전거를 안전하게 이용할 수 있게 하고 내가 근무하고 있는 천호동 자전거 거리에서 자전거가 활성화될 수 있도록 성실하게 근무해야겠고, 지금 활동하고 있는 회원들이 점점 연세가 들어감에 따라서 편안하게 자전거 쉼터로 함께 봉사할 수 있는 기회를 제공하려고 한다.

4. 서라 서동명 - BMX 전도사

1) 이 자전거는 뭐예요? BMX?

"자전거가 되게 작다! 어린이용 자전거에요?" 아이를 키우는 한 여성이 물어본다. 성인용 자전거라고 얘기하니 적잖이 놀라워한다. 보편적으로 20인치 바퀴를 사용하는 BMX는 묘기용 자전거다.

서라의 첫 BMX. 특이한 핸들 모양 때문에 다른 자전거 종류와 구분하기 쉽다. 휠 사이즈는 20인치가 보편적이지만 더 큰 24인치나 26인치 바퀴도 사용한다.

BMX의 작은 바퀴, 통통한 타이어, 특이한 핸들, 낮은 프레임 모두 다른 자전거들과 구분하기 좋은 특징들이다. 예전보다 알아보는 이가 확연히 늘었지만, 여전히 MTB나 트라이얼과 혼동하기도 한다. 오히려 자전거에 관심 많은 어린 학생들이 성인보다 빠르게 눈치를 챈다.

BMX는 오토바이형 자전거(Bicycle Moto Cross)의 준말이다. 1960년대 후반, 자전거를 타고 오토바이 모토크로스 경주를 따라 하던 어린이들로부터 유래됐다고 전해진다. 이후 본격적인 스포츠로 발전하며 크게 BMX 레이싱과 BMX 프리스타일로 나뉜다. 그리고 두 가지 모두 올림픽 정식 종목이다.

왼쪽은 BMX 레이싱 경기장, 오른쪽은 BMX 프리스타일 경기장 모습

BMX 레이싱은 점프와 모굴이 섞인 트랙을 이용한다. 여러 선수가 동시에 출발해 빠르게 달리는 경기로 가장 모토크로스와 닮았다. 자전거는 주로 알루미늄 또는 카본 프레임을 사용하며 빠른 속도에서 안정적으로 달릴 수 있도록 길고 날렵하게 생겼다. 2008년 베이징 올림픽부터 정식 종목이 됐다.

BMX 프리스타일은 트릭과 묘기를 선보이는 경기다. 이 또한 세부 종목으로 파크(Park), 스트릿(Street), 버트(Vert), 더트(Dirt), 플랫랜드(Flatland) 정도로 나뉘고 카테고리별 자전거 생김새가 조금씩 다를 수 있다. 5가지로 나눴지만 타는 장소가 차이 날 뿐, 경계가 모호하다. 입문급 자전거는 주요 부품에 하이텐 재질을 쓰고, 상급으로 올라갈수록 가볍고 튼튼해지며 크로몰리 비율이 높아진다. 코로나19로 지연된 2020도쿄올림픽부터 스케이트보드와 함께 정식 종목이 됐다.

2) BMX에 입문한 계기

어려서부터 자전거를 좋아해 6살에 두발자전거를 시작한 나는, 중학생이 되며 페달 위에서 보내는 시간이 발을 땅에 딛고 있는 시간을 넘어섰다. 당시에는 일반자전거(고철처럼 무거운 유사 MTB이며 일명 '철티비'로 불림)를 티고 앞바퀴를 들고 주행하는 윌리 또는 드리프트를 연습했다.

우연히 집 주변에 X-game장이 4곳이나 있던 건 큰 행운이다. 자연스럽게 어느 날, 친구들과 X-game장에 자전거를 타고 들어갔다. (지금 '스케이트파크'라고 부르는 익스트림스포츠 시설은 국내에서 한때 'X-game장'으로 불렸고, 더 오래전엔 '인라인장'이라고 불림. 인라인을 타는 이용자가 대부분이었기 때문으로 추측함) 그곳은 본래 일반자전거 출입 금지 구역이다. 하지만 자전거를 타고 공중에 떴다가 착지하는 그 짜릿함은 너무나 중독적이기에 그 맛을 한 번 본 이상 헤어 나올 수 없었다. 이용자가 적은 틈을 타 꾸준히 연습했고, 결국 인라인을 타는 다른 아이들처럼 자전거를 타고 날아다니기 시작했다. 수리비만 해도 새 자전거를 3대는 살 수 있었을 거다.

하루는 스케이트보드를 타는 타지인들을 만났다. 일반자전거를 타고 꽤 잘 날아다니는 나를 보고 얘기하기를 "너 DMX 타면 잘 타겠다!" 하여 집으로 돌아와 키보드에 'DMX'를 쳤다. 아무

것도 안 나온다. 혹시나 해서 '묘기용 자전거'라고 다시 검색해 보니 'BMX'라는 단어가 따라왔다. 그렇게 BMX에 눈을 떴다.

페이스북과 인스타 같은 SNS가 있기 전, 국내에는 이미 싸이월드가 유행이었다. 내 미니홈피는 자전거 묘기에 관한 각종 외국 영상으로 가득했고 BMX를 타고 싶다는 갈망은 더욱 깊어졌다. 부모님께 BMX를 사달라 1년을 졸랐지만 실패했다. 최후의 수단으로 외삼촌께 문자를 보냈다. 감사하게도 삼촌은 긍정적인 반응을 보이셨다. 중학교 3학년 8월, 내 첫 BMX는 최상급 완성차였다. 외삼촌은 내 삶의 은인이다.

3) BMX 활동

- 대회 참가

BMX, 스케이트보드, 어그레시브 인라인(묘기용 인라인스케이트로 '어글'이라고도 불림) 모든 종목이 어우러져 친목을 다졌던 부천 상동 호수공원 스케이트파크는 우리들의 별장이었다. 학교를 마치면 매일 같이 파크로 달려갔고, 휴일에 서로 연락하지 않아도 자연스럽게 그곳에 모였다.

부천 상동 호수공원 X-game장과 로컬 라이더들. 아쉽게도 철거되어 현재는 야외무대가 자리하고 있다.

고등학교 2학년, 다 같이 당일치기 여행을 떠났다. 전국에서 가장 규모가 큰 스케이트파크가 있는 강원도 춘천. 지금도 해마다 국제 대회가 열리는 곳이다. 각도가 센 점프대(현재는 완만하게 수정됨)는 난도가 높기로 소문이 났었다. 나는 겁을 먹고 첫 점프에서 다치고 말았다. 바닥에 떨어질 때 아랫배를 핸들에 찍혔고, 뱃속에 출혈이 발생했다. 상처가 아파서 'ㄱ'자로 허리를 구부린 채 제대로 걷지도 못했다. 결국 2주 동안 택시를 타고 등교했다가 택시를 타고 병원을 들러 치료를 받고 또 택시를 불러 집으로 돌아왔다.

그러던 중 서울 보라매공원에서 열리는 BMX 대회가 하루 앞으로 다가왔다. 걷지도 못하겠는데 대회는 무슨. 설레는 마음도 없이, 포기를 안고 잠을 청했다.

대회 당일, 근원을 모르는 에너지가 나를 일으켰다. 이 정도 기운이면 자전거에 기대서 움직일 수 있겠구나 싶었다. "그래! 대회 구경이라도 가자." 참가는 못 하지만 구경이라도 가야겠다. 그렇게 집에 아무도 없는 틈에 BMX를 지팡이 삼아 지하철을 타고 용케 대회장에 도착했다. 많은 라이더가 파크를 누비며 몸을 풀고 있었다. 먼 길을 걸어오며 몸이 나아졌는지, 자전거를 탈 수 있을 것 같았다. "그래. 여기까지 왔는데 상은 못 받아도 참가라도 해보자!" 결과는 2위. 내 인생 최고 성적이다.

왼쪽 보라매파크에서 2위, 오른쪽 해그늘파크에서 3위.

해가 지나 고3이 되며 부모님의 공부 압박에 못 이겨 BMX를 팔았고, 그 돈으로 픽시를 구매해 타고 다녔다. 다음에 열린 BMX 대회에 자전거를 빌려 참가했고 3위를 했다. 대회 경력과 열정을 인정받아 수능 직후, 국내 최대의 BMX 전문 매장인 비스타바이크 팀 라이더로 활동을 시작했다.

- 유튜버가 되다

BMX에 입문했지만 배울 기회는 턱없이 부족했다. 강습을 따로 받는 경우가 아니라면, 운 좋게 1세대 라이더들을 만나 팁을 얻거나 해외영상을 보고 따라 해보는 게 전부였다. 국내 강의 영상들은 기술 시연일 뿐. 연습에 참고하기엔 쉽지 않았다.

2016년, 군 생활을 마쳤다. 약 2년이라는 세월이 아까워서 전역 후, 하고 싶은 일들을 생각해두었다. 그중 하나가 유튜브다. BMX를 정말 좋아했기에 이를 널리 전파하고 더 많은 사람이 이 문화를 즐기길 바랐다. 내가 입문할 때와 달리, 진짜 이해하기 쉬운 강의 영상을 만들어 초보자들의 진입 장벽을 낮추고 싶었다. 그렇게 '익스트림스튜디오'라는 채널을 개설했고 바니홉(점프 기술)부터 시작해 다양한 자전거 기술 강의를 올렸다. "이 영상 보고 기술 성공했습니다!"라는 댓글들이 달리고 그에 보람을 느꼈다. BMX 전도사로서 나도 누군가에게는 은인이 되었기를 바란다.

유튜브 강의 영상 썸네일들.

- 국내 최초 BMX 국토 종주

이명박 대통령 시절, 4대강 사업과 함께 자전거 국토 종주 길이 조성됐다. 국토 종주는 자전거 타는 사람들 사이에서도 로망이다. 5일간의 추석 연휴는 도전 기회였다. 홀로 국토 종주 경험이 있는 괴물 E와 스케이트 보더에서 BMX 라이더로 전향한 J가 함께 여정을 떠나기로 했다. 드디어 정서진에서 출발. 각자 어깨에 멘 커다란 가방에는 액션캠 4개와 캠코더 1개, 영상을 옮길 노트북, 충전기와 배터리, 멀티탭을 포함해 응급상황에 자전거를 수리할 공구들이 들었다. 하루하루 짐을 줄이기 위해 한 번 입고 버릴 옷들을 챙겨와 매일 갈아입었다. 첫날 200km, 다음 날 100km, 부산에서 올라오는 태풍을 맞으며 마지막 이틀은 각 150km를 달렸다. BMX를 타고 총 633km를 완주하는데 3박 4일이 걸렸다. 다신 안 한다고 입을 모아 말했지만, 그다음 해 추석에 한 명을 더 꼬드겨 4대강 종주를 나서고 만다. 무려 카메라 8대와 함께.

BMX 국토 종주, 4대강 종주 영상들. 마지막엔 하이브리드 자전거를 타고 국토 종주를 또 갔다. 그렇게 고생했지만 남는 건 여행에 대한 추억이다.

4) 서라 활동 계획

- 서라 유튜브

'서동명 라이더'를 줄여 '서라'라는 활동명을 만들고 채널명도 '서라 서동명라이더'로 변경했다. 처음에 '익스트림스튜디오'로 이름 지은 건 BMX 이외에 다른 익스트림스포츠에 관한 내용도 폭넓게 다루고 싶었기 때문이다. 한국판 레드불Redbull 이 되고 싶었달까. 에너지음료로 유명한 레드불은 사실 영상 제작회사다. 최종적으로 취미 삼아 유튜브를 하게 됐지만 앞으로도 그저 재밌게, 하고 싶은 대로 꾸준히 운영할 계획이다.

- BMX 영화제

BMX 못지않게 영상에도 진심이다. 영상을 만들어 본 건 초등학교 5, 6학년 때다. 교내 방송부에 들어가 드라마, 다큐멘터리, 뮤직비디오 등을 만들었다. 영상제를 준비하며 드라마 '야인시대' 세트장을 자주 방문했다. 그때 쌓은 기초를 바탕으로 대학생이 되어서야 BMX 영상을 기점으로 다시 영상에 손을 댔다.

지금은 뛰어난 성능을 자랑하는 스마트폰 카메라가 대중화됐고, 편집도 쉽게 접할 수 있다. 자전거를 좋아하는 어린 친구들이 영상에도 흥미를 가지고 꿈을 꿀 수 있게 소소한 이벤트를 만들어주고 싶다. 그래서 생각난 것이 'BMX 영화제'다. 이름은 거창하지만 아직 갈피를 못 잡고 있다.

- 책 출판

올해 목표는 책 출판이다. 서른 무렵에 내 인생을 기록해서 정리해 두고 싶다고 막연히 생각하고 있었다. 그런데 어떻게 내 마음이 전해졌는지, 기막힌 타이밍에 인물 다큐 촬영 기회가 찾아왔고, MBC 충북 '인생내컷' 제작팀은 완벽한 한 편의 드라마를 만들어주셨다. 영상으로 다 전하지 못한 이야기를 풀어 에세이를 적어볼 계획이다. 가능하면 BMX에 관한 국내 서적도 만들고 싶다. 스케이트보드를 다룬 일러스트 북만 있어서 조금 질투 난다.

- MTB 입문

작년 말, 자신에게 질문을 계속 던지며 깨달은 충격적인 사실이 있다. 나는 사실 자전거를 안 좋아한다. 자전거에 미쳐있다고 자부해왔다. 길을 걷다가도, 영화를 보다가도, 갑자기 등장하는 자전거를 절대 놓치지 않는다. 하지만 로드 사이클처럼 빨리 달리는 데 흥미가 부족하고, 자전거 정비도 소홀하다. 좋아하는 자전거 선수도 몇 안 되고 이름도 잘 모른다. 자전거에 관한 책도 찾아보지 않았다. 오로지 타기만 했다. 그렇다. 자전거 타기에만 관심 있다. 특히 점프와 내리막에 열광한다. 자전거 끝판왕은 다운힐이라고 굳게 믿는 나는, 와이프 허락을 받고 MTB를 질렀다.

5) 자전거를 잘 타고 싶다면

연습이 전부다. 난 겁이 많다. 겁이 나더라도 자꾸 시도해 보지만 겁이 사라지지는 않는다. 대신 겁에 익숙해진다. 몸이 굳은 상태에서는 부상 확률이 높아지기 때문에 도전에 앞서 크게 심호흡하고 근육의 긴장을 풀어준다. 보호대를 착용하고 타면 불필요한 부상 없이 훨씬 빠른 속도로 성장할 수 있다.

첫 성공의 기쁨은 이루 말할 수 없이 달콤 짜릿하다. 연습을 거듭해 같은 기술을 3번 연속으로 성공하면 그 기술을 마스터했다고 인정해 주는 건 우리끼리 정한 암묵적인 룰이다.

그리고 되도록 정통 BMX를 샀으면 한다. 모양만 똑같은 유사 BMX는 주행용이다. 가격은 입문 급 BMX와 별로 차이가 없으면서 무겁고 약해 트릭을 구사하기엔 적합하지 않다. 중고를 구입하더라도 검증된 BMX 브랜드 매물을 선택하는 편이 이중 지출을 피하는 길이다.

무료 강습이나 대회에 참가하는 것도 좋다. 주변에 잘 타는 사람한테 가르쳐달라고 하면 쑥스러워할지언정 마다하지 않을 것이다.

서라 서동명라이더 유튜브 채널 QR 링크.

참고 문헌

1. 서 적

1) 김명화 역(2003). 스포츠 스트레칭 311. 맑은소리

2) (사)자전거21(2016). 초보자를 위한 자전거 교과서

3) (사)한국자전거과학기술원(2017). 자전거안전운전 안전교육입문서. 크라운출판사

4) 서울시 자전거정책과(2020). 성인을 위한 안전한 자전거 생활

5) 서울시 자진거정책과(2020). 지도자를 위한 안전한 자전거 교육

6) 이종하 외 5인 역(2010). 사이클 아나토미. 푸른솔

7) 정경옥 외 2인(2021). 자전거 교통 FAQ. 한국교통연구원

8) 최부영 역(2000). 사이클 트레이닝 바이블. 사단법인 대한사이클연맹

9) 한기식(2006). 트라이애슬론 바이클. 보경문화사

10) 한기식 외 2인(2007). 웨이트 트레이닝 매뉴얼. 한림출판사

11) 한기식 외 2인(2008). ABC 철인3종경기. 광림북하우스

12) 한기식, 구정철(2010). 자전거 누구나 즐길수 있다. 광림북하우스

13) 한기식, 구정철(2018). 사이클 안전트레이닝. 해드림출판사

2. 인터넷 자료

1) 국가법령정보(https://www.law.go.kr)

2) 와일드바이크(http://www.wildbike.co.kr)

3) 코리아 트라이애슬론 서비스(http://cafe.naver.com/ktriathlonservice)

자격이 있는 자전거 지도자라면
자전거교통안전 지도자 3급과정

자전거 지도자교육도
고양자전거학교에서...

Contact us
  031-921-7230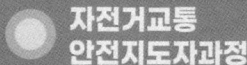

- 자전거교통 안전지도자과정
- 고양자전거학교 교육장

자전거 분야 전문강사진
- ✓ 현장 경험의 강사진
- ✓ 실질적인 지도자교육

제주 자전거 학교
BY100

✦ 브랜드 소개

'**BY100**'은 '당신의 뒤에서 안전을 지키며 성공을 응원한다'는 의미의 '**Behind Your Back**'의 머릿글자입니다.
2011년부터 자전거 교육 및 투어를 진행하고 있는 ㈜푸른바이크쉐어링에서 2021년 론칭 한 자전거 학교 브랜드입니다.

✦ 프로그램 소개

01 두발자전거 배우기
매년 2천명 이상의 어린이들에게 자전거 교육을 진행하고 있고, 이를 통해 다양한 사례와 노하우를 가지고 있으며 어떠한 상황에서도 두발자전거 균형잡기 도전에 성공할 수 있습니다.
- 인원: 1:1 및 소그룹 진행 가능
- 비용: 80,000원(1인/60분)

02 가족 투어
제주도의 해안도로, 자전거길, 올레길 등 아름다운 자전거 코스를 가족단위로 라이딩 할 수 있도록 장비 준비 및 안전한 인솔을 책임지고 있습니다.
- 인원: 최소 2인 이상
- 비용: 50,000원(1인/90분)

03 단체 투어
- 학교, 기업, 연수 등 단체의 목적에 맞게 자전거 여행을 기획하고 진행합니다.
- 2시간 투어 / 반나절 투어 / 1일 투어 / 제주도 일주
- 제공 : 자전거, 안전모, 생수, 자전거 가이드, 차량 에스코트(교통 안전 및 보급)
- 인원: 최소 10인 이상
- 비용: 인원수, 코스, 시간에 따라 별도 협의

04 공통사항
- 8세 이상 ~ 성인 남녀노소 누구나 가능
- 자전거, 안전모 등 장비 일체 제공
- 전용 교육장 또는 제주도 전지역에서 진행 가능
- 사전예약 필수(최소 3일 전)

문의
- 전용교육장: 제주시 한림읍 금성천남길 32 (귀덕리)
- 연락처: 064-721-0333 / 010-8924-0797(직통)
- SNS: @purunbike
- 포털/유튜브: 제주자전거학교, 푸른바이크쉐어링